新任3年目までに身につけたい

教師の指導術

10の原理・100の原則

堀 裕嗣 著
Hori Hirotsugu

治図書

まえがき

こんにちは。堀裕嗣（ほり・ひろつぐ）と申します。お初にお目にかかります。ここ四年ほど新著を上梓していなかったので、おそらく新任3年目以下の読者ということになると、「お初」だと思います。

教職のブラックが叫ばれ、教師のなり手がいないことが問題視されて数年が経ちました。皆さんは、そんな状況の中で教職を選んだ奇特な方々です。少なくとも世間ではそう思われています。Twitterをはじめとする SNSでは、毎日のように若い教師たちの管理職批判や職員室批判、子どもたちや保護者への愚痴、残業が多いことへの愚痴が夥《おびただ》しい数で投稿されています。長くこの仕事を続けてきた私なんぞは、その多さに辟易することもしばしばです。

しかし、私は既に旧世代の一員ですから、時代の若者たちが教職をそのように捉えることは時代の趨勢なのだろうとも感じています。つまり、この状況は若者たちのせいなのではなく、時代的気運なのだろうと認識しています。私が現在の若者として教職に就いたとしても、やはり同じように感じたに違いないと思うわけです。

では、私たちの時代と現在とでは、何がどう違うのか。

私はバブル気運真っ盛りの一九九一年四月に教職に就きましたが、こと教職の在り方については バブル景気はまったく関係ありませんでした。確かに現在と違って、給料が年々上がっていくことや世の中が魅力的な遊び場に溢れていたというようなことはありましたが、むしろ大卒者の平均賃金として当時の教職の給料は相対的に低く、高校時代の同期には私たちの目が飛び出るほどの収入を得ている者がたくさんいて、私たちはそれを羨ましく感じていました。

私たちの時代と現在とで、教職に就く者にとっての一番の違いは、職員室の体制です。現在は上意下達を旨とし、教師個々人の裁量が著しく制限されています。どんな小さなことでも何かあったら報告、管理職や主任の指示を待って指導、しかも生徒指導事案には複数で当たるということが常態化しています。学級通信や通知表所見さえ事前点検で細かく直されることが多く、決して自由には書けない。比較的治外法権的に自由が利くのは授業のやり方くらいなのではないか。そんな風に感じています。ただし、その授業にしてもゴールの評価評定では厳しいチェックが入りますから、それを見据えて取り組まねばならない。とすれば、若手教師にとっては、授業の在り方も決して治外法権には見えないだろうとも思います。

かつての学校では（少なくとも九十年代までは）、これらのほぼすべてが教師個々人の裁量として意識されていました。反面、それだけ失敗したときの責任は大きかったのだとも言えますが、失敗した若者に先輩教師は優しく、子どもたちも保護者も「若いんだから仕方ないよね」と笑い飛ばすような懐の深さをもっていました。当時の社会はまだまだ「世間」というものが残っていて、「話せばわかる」という機運に包まれていました。「ムラ」的な同調圧力も確かにありましたが、「ムラ」の掟（一番わかりやすいのは、例えば「飲み会に出なければならない」といった職員室の協働性のような）さえ破らなければ構成員は自分の意思で自由に、裁量をもって行動することができたのです。

比較的自由が利く代わりに厳然とした掟を守らなくてはならなかったかつての方がよかったと捉えるか、言われたことをやっていれば文句を言われない現在の方がよいと捉えるかは人それぞれです。現在の体制で苦しんでいる若者がかつての体制で教職に就けば苦しまなかったとも必ずしも言えません。ただ、かつての方が教師のスキルの伝承がさまざまな場面で行われていたことだけは確かだと思います。かつての先輩教師は自分のもつスキルを後輩に教えることを厭いませんでした。それは先輩教師自身にも裁量が認められ、多様なスキルが学校に溢れていたからです。現在は、職員会議で通ったやり方のみで運営されるわけですから、独自のやり方や個性的なやり方は職員室で忌避される傾向がある。下手なことを若手に教えてそれが失敗し、責任を追及されるのではかなわない。先輩教師には無意識的に、そんなメンタリティが蔓延しているのかもしれません。

本書は、スキルの伝承が希薄になった教職において、かつては誰もが知っていたスキル、つまりどこの学校でも先輩から後輩へと分かち伝えられていたスキルのうち、新任3年目程度までに身につけなければならないと思われる基礎的なスキルについてまとめました。これまで私が上梓してきた著作の中から、新任から3年程度で身につけなければならない基礎的スキルを抽出し再構成したものです。

本書が仕事に悩む若手教師に、或いはこれから教職を目指す学生さんたちに少しでも参考になるなら、それは望外の幸甚です。

Contents

第二章　教師の指導術一〇〇の原則 065

生徒指導の基礎技術 100

事実確認の基礎技術　112

保護者対応の基礎技術　124

若手教師に必要な構え 182

教師の基礎理論 194

序章

1　コスパが合わない？

Facebookでつながりをもつ、ある方の御母堂が亡くなりました。その方は、御母堂が亡くなるまでの思いを切々と綴り続けていました。私は毎日それらを読みながら、自分にもこういう日がそう遠くない日に来るのだろうなとの感慨に耽っていました。私の母もいま介護施設に入所し、最近はいろんなところの調子が悪くなっているのです。コロナ禍でなかなか会うことも叶わず、こうして面会できないままに母が亡くなってしまったら……考えないようにと思っても、どうしても考えてしまうのです。

さて、その方の御母堂が亡くなり、遺品を整理する段になって、その方は自分の子どもの頃の通知表がすべて取ってあることに気づいたと言います。母親とはそういうものなのだな、と少しばかり感傷に耽り、それでも自分には不要だときっぱり捨ててしまったとの記事がありました。私はこの記事にも感じ入るものがありました。実は私の母も、私と妹の通知表を施設の自室に持っているのです。何度か、「これはもう、いらないんじゃないの？」と聞いたこともあるのですが、「いや、これは必要なのだ」と言うのです。もう十年近くも前のことですが、やはり私もその際、母親とはこういうものなのだなと感じた記憶があります。おそらく、通知表というものは、本人にとってはそれほど価値のあるものではなくても、親にとってはこんな風に機能し得るものなのでしょう。自分の子育ての証として機能することがあるわけです。もちろん、全員ではないでしょうが。

ある日のことです。こんな思いを抱いている私は、Twitter に昨今の通知表所見を廃止する学校が増えていることを嘆く投稿をしました。親御さんの中には「楽しみにしている人もいるだろうに」と。「盆や正月に祖父母に見せる家庭もあるだろうに」と。しかし、返ってくるリプライは「通知表所見はコスパが悪い」というものが大半でした。もちろんTwitter のリプライというものは反感を抱く側の方が発信するエネルギーをもつものですから、私はこのことにそれほどの疑問は抱きませんでした。そうしたリプライの大半は若い教師のものでしょうから、私たちが体験したような母親の通知表へのこだわりを知る機会もなかったはずです。そう感じるのも当然と言えば当然かもしれません。

ただ、ある一つのリプライが私を驚かせました。そこには「何十時間もの時間をかけて書くだけの効果は、通知表所見にはない」というものでした。私は目が点になりました。何十時間？「何十時間」って具体的にはいったい何時間のことだ？　私は考えました。

「何十時間」と言うのだから、少なくとも十時間は超えているはずだ。普通に考えれば二十時間以上ではあるはずだ。でもまあ、十数時間のことをちょっと大袈裟に「何十時間」と言うこともある。まあ、上限は三、四十時間として、十数時間から四十時間の間と考えていいだろう。私はそういう結論に至りました。

この若手教師は小学校教師で、もしかしたら道徳や総合、英語の所見も含めて言っているのかもしれない。しかし、それでも「数十時間」はかかりすぎです。しかも総合所見の他の所見は書き方が決まっていたり文例が出ていたりしてそう時間はかからないはず。とすれば、この人は総合所見にいったいどのくらいの時間をかけているのだろう。私は大きな疑問を抱かずにはいられませんでした。

実は私は、三十数人の通知表所見なら空き時間一つ、つまり五十分程度の時間で書き上げます。まあ、私ほど早い教師はなかなかいないかもしれませんが、一般的に通知表所見にかかる時間は二、三時間という方が多いはずです。経験年数が上がれば上がるほど、早くなっていくものでもあります。この程度の時間を想定して、私は通知表所見にはそれなりの効果があり、費用対効果も高いと言っているわけです。しかし、例えばそれに十数時間かかるとしたら、そりゃコスパが合わないと考えるのもうなずけます。

2 インフラが不足してる？

「インフラ」という言葉があります。「インフラストラクチャー」の略語です。「下部構造」の意味ですが、一般には「社会資本」のことを指します。電気・ガス・水道、道路や行政機関の施設・設備など、人々の生活を成り立たせるために必要な最低限の資本といった捉えで構いません。ここでは、社会インフラのどれ一つがなくなっても、人々の生活は不便になり、機能し得なくなります。

私は、もしもたかだか（と言っては何ですが）通知表所見に、本当に十数時間もかかるのだとすれば、それは教師としてのインフラが整備されていないと思います。

私が「教師としてのインフラ」というのは、いわゆる「教師としての力量」のことではありません。「力量」というのは、授業をどう構成するかとか、生徒指導・支援でいかに対応するかとか、そうしたことを遂行できる能力、或いはそれ以前に立案できる能力のことを言います。こうした立案能力や遂行能力が経験を重ねるうちに次第に高まっていく、それが「力量形成」と呼ばれるものです。

しかし、通知表所見に十数時間かかるということになると、私にはそれ以前の資質の問題であるように感じられます。通知表所見というものは、子どもを見取る力（＝認識力）とそれを的確な文章として構成する力（＝文章力）から成ります。それにもう一つ重要なのが「段取り力」とでも言うべきもので、通知表所見を書く以前に、日常の学校生活や行事の中で子どもたちの活躍を観察しておいて、通知表所見に書く内容を収集しておくことです。それをメモしておき、まだ内容が決まっていない子が誰なのかを把握、その後はそうした子を中心に観察していく。要するに、通知表所見を「さあ、書こう」という段階では、既に書くことは全員決まっているのです。こうした意図的な営みを私は「段取り力」という言葉で表現しているわけです。

さて、この「認識力」「文章力」「段取り力」の三つのうち、経験によって次第に高まっていく「教師としての力量」と呼ばれるべきものは、三つ目の「段取り力」だけであるように私には思えます。基本的な「認識力」(保護者が意識していないであろう学校での子どもの活躍を見つける力)、基本的な「文章力」(語るべき内容を決まった字数でできるだけ具体的な言葉を用いて構成する力)といったものは、やり方を知ってできるようになるとか何度も経験することで慣れていくといった性質のものではなく、もともと教師の資質としてもっているべき「インフラ」だと思うわけです。その意味で、もしも通知表所見に十数時間かかる教師が本当にいるとしたら、その教師は経験を重ねても劇的に時間短縮が図られるということはないのではないか。そう思われるわけです。

正直なところ私は、この私にリプライした若手教師がそうしたインフラをもたないとは思っていません。きっと、少々大袈裟に言ったのだろうと思っています。もしも通知表所見に何十時間もかかるのだとしたら、いくら教員不足の昨今とは言っても、この教師は採用試験に受からないだろうと思うからです。

ただ、これを機に、私は「教師としてのインフラ」ということに思いを馳せることになりました。Twitterをはじめとする SNSには、毎日のように若手教師の戸惑いが投稿されます。その文面からは本気で苦しんでいる様子が窺えます。時には傲慢と感じられる投稿も見られます。「教えてもらえない」「何もわからないのに任される」といった、叫びにも似た投稿も散見されます。確かに、教師には知っていなければ子どもたちに対応できない基礎的なスキル、もっていなければ子どもに対応できない基礎的な構えといったものがたくさんあります。それが現場の忙しさ、時代的な状況によって先輩教師から教えてもらえていない現実があるとすれば、それは由々しきことです。

3 ミニマム・エッセンシャルズを知りたい？

実は、私はこれまで、教職のさまざまなテーマについて「一〇の原理・一〇〇の原則」というシリーズ本を上梓してきました。これまでのシリーズ本を俯瞰してみますと、「学級経営」「生徒指導」「教室ファシリテーション」「一斉授業」「若手育成」「国語科授業」

「教師の仕事術」「ＡＬ授業」「教師の先輩力」というラインナップです。本書は「道徳授業」と同時刊行ですが、今後、「国語科文学的文章教材の授業」についても刊行される予定です。

これらの著作は、簡単に言えば、そのテーマ（分野）における教師のミニマム・エッセンシャルズ」、つまりすべての教師が最低限身につけなければならないスキルについて紹介するというコンセプトで書き続けてきました。それらの中には、もちろん私自身が試行錯誤の中で見つけた原理・原則もありますが、そのほとんどは職員室において、或いは酒席において、先輩教師から教えられた原理・原則です。もしかしたら、現在の若手教師たちは私が学んできたような「ミニマム・エッセンシャルズ」を先輩教師から伝授される機会がないのかもしれない。皆無ではないにしても、その機会が著しく減っているのかもしれない。確かに私自身の経験から言っても、そうした機会は九十年代より〇〇年代、〇〇年代より一〇年代と、減ってきているようにも思えます。もしもそうした現実があるのだとすれば、私にもできることがあるかもしれない。本書はこうした動機のもとに執筆されました。

本書の特徴は以下の二つです。

第一に、これまでのテーマ（分野）にこだわらず、新任から3年程度までに確実に身につけなければならないと思われる「超ミニマム・エッセンシャルズ」に的を絞ったことです。教師という職業は広さも深さも際限なくもっている職業です。時に先輩教師の助言は必ずしも必要ではない広いところから指摘されることがありますし、それ以前に学ばなくてはならないことがあるのを度外視して深いところからなされることもあります。本書では、若手教師が身につけるべき「最低限のスキル」ということを大きく意識しました。その意味で、本書に提示されているスキルを身につければ、教職スキルとしては充分だというものを提示しているわけではありません。読者の皆さんには、そこだけは留意していただきたいと考えています。

第二に、スキルのみならず、若手教師がもつべき基本的な「構え」と、若手教師が最低限知っていなければならない「基礎理論」について、簡単にではありますが触れていることです。先に、通知表所見を書けない教師には子どもを見取るための「認識力」がないと述べました。「認識力」を構成するのは「枠組み」です。そして、その「枠組み」のもととなる基本的な知識です。基本的な知識に基づいた認識の枠組みをもってこそ、子どもたちを見取る「フレーム」が形成されるのです。こうした「フレーム」が必要なのは、何も子どもたちを見取るときだけではありません。現在、目の前の学級集団はどのような現状にあるのか、自分の授業はどの程度機能しているのか、自分の指導言（授業にしても生徒指導にしても）は子どもたちにどのように届いているのか、或いは届いていないのか、そうしたことを適宜評価するためには、評価の「フレーム」、つまり認識の「フレーム」が必要なのです。ただ漠然と眺めているだけでは、正直、何もわかりません。

本書はこの二つの観点で、読者の皆さんに伝えるべきことを絞りに絞りました。どうか本書をお読みになった後には、自分に引っかかってきたさまざまな文献に目を通し、先輩教師に尋ね、そしてできれば同世代の若者同士で議論していただければと思います。本書が若い皆さんにとって、教師生活の基盤づくりと糧となることを願っています。

では、教師生活に臨んでいくための基本的な原理から話を進めていきましょう。

第一章
教師の指導術一〇の原理

1

井の中の蛙　大海を知らず

【井の中の蛙　大海を知らず】

自分の狭い知識、偏った常識にとらわれてしまい、物事の大局を見誤り、適切な判断ができないこと

「コスパ」という言葉があります。21世紀になって流行り始め、いまや若者たちの中では「物事をコスパで考えること」が常識となっています。

Twitterには毎日、新任で教職についた人たちの「残業が多い」「土日も出勤しなければならない」「部活指導が大変だ」「授業準備の時間がない」「子どもが言うことを聞かない」「保護者からクレームを受けた」「何も教えてもらえないまま担任をもたされる」といった声であふれています。実質的な勤務時間が長い、仕事の終わりが見えない、ストレスが大きすぎる、それでいて給料には満足がいかない、教職は「コスパが悪い」というわけです。

現在は「働き方改革」の議論真っ盛り。若い人たちがこういうのもうなずけます。

しかし、こう考えてみましょう。

一般企業において、100％大当たりする企画、必ずバカ売れする商品開発の仕方を教えてくれないから自分にはできない、という理屈が成り立つでしょうか。大当たりした企画、バカ売れした商品を開発した先輩社員がいるとして、その企画や商品開発の仕方を、その先輩が後輩に理路整然と分かち伝えるということが考えられるでしょうか。

おそらくその先輩社員は、さまざまな試行錯誤の中でその企画を立案し、新商品を開発してきたのではないでしょうか。おそらくは「コスパ感覚」とは無縁の、想像を絶するような試行錯誤を繰り返すことによって。

実は、「コスパ」とは、「消費者」が使う言葉なのです。お金を支払って商品を購入する場合には、確かにその商品がその金額に見合うかどうかが検討されます。

レストランで注文した料理が値段に見合うほどおいしいと感じられない。

高いお金を払ってセミナーに参加したのに、それに見合うほどの効果が上がらない。

期待して参加したのに、金額に見合うほどのサービスが提供されなかった。それが「コスパが悪い」「コスパが低い」の意味です。

しかし、ひとたび、「生産者」の側に目を向けてみると、彼らは試行錯誤を繰り返す中で、「よりよい商品」「よりよいサービス」を開発しようとしているのです。サービスを〈享受〉する立場ではなく、サービスを〈提供〉する立場なのです。

そうした営みには、一見無駄と思われるような時間や労力をかけることも決して少なくないはずです。

実は、教師の仕事も同じなのです。

きっと、先輩教師たちを見ていて、「毎日あんなに遅くまで残っていったい何をしているんだろう」と感じたことがあるでしょう。簡単に言えば、先輩教師たちは「コスパ」を度外視して、「よりよい授業」「よりよい教室環境」「よりよい行事」にするために残業しているのです。

この、「消費者」の感覚から「生産者」の感覚に移行できるか、そこに教師の力量形成の最初のハードルがあります。Twitter上の新任教師たちのTweetは、この第一のハードルを越えられていない人たちの声なのです。

「社会人」になって若者たちが最初に戸惑うのは、「消費者感覚」と「生産者感覚」との葛藤です。お金を払ってサービスを〈享受〉する立場から、お金をいただいてサービスを〈提供〉する立場になったことの圧倒的な違いを、まだよく呑み込めないでいるわけです。そりゃそうです。これまでの二十数年間、基本的には「消費者感覚」で生きてきたわけですから。

しかし、あなたはいま、「消費者としてコスパを測る立場」から「生産者としてコスパを測られる立場」になったのです。

古くから「井の中の蛙 大海を知らず」と言います。「大海」を知ることにはある種の苦しさをも伴います。しかし、「井の中の蛙 大海を知らず、されど空の青さを知る」とも言います。あなたは教師としてはまだまだ「井の中の蛙」かもしれませんが、あなたはあなたなりの「空の青さ」も知っているはず。もう少し頑張ればそれを活かせる日も来るのではないでしょうか。

2 石の上にも三年

【石の上にも三年】

たとえ冷たい石の上でも、三年も座り続けていれば温まってくるものだ。転じて、辛い状況でも我慢して辛抱すれば、次第に道は開けてくることのたとえ。

教師には残業が多い。総体的に見て、これは事実だろうと思います。

とはいえ、教師の残業の多くは、自ら進んで残業している人が多いのであって、残業しなければ解決しないほど多くの仕事があるというのとは、ちょっと違います。

一般企業の営業職のようにノルマがあるわけでもありませんし、明確な数値目標を掲げられてプレッシャーに押しつぶされそうになるというわけでもありません。夜遅くや休日に得意先に急に呼び出されて逆らえないなんてこともありません。

先輩教師の多くは「よりよい授業にするには」「よりよい教室環境にするには」「よりよい行事にするには」と、いわば「最低限の仕事」を超えて取り組んでいるうちに退勤が遅くなってしまっている。そうした理由で残業しているように思います。

そんな状態ですから、若い教師がそんな中に投げ込まれると、「こんなにも残業しなければならないのか」と、先輩教師たちの姿がプレッシャーになってしまいます。

しかも先輩教師たちは〈＋α〉を求めて残業しているわけですから、何が〈最低限〉で何が〈＋α〉なのかが理解されていない若手教師にとっては、「みんなこんなに残業してまで何をやっているかわからない」になるわけです。

その結果、多くの若手教師が学級担任をもつことに対して、「何も教えてもらえないままに子ども・保護者の前にほっぽり出される」と叫ぶことになります。その裏にあるのは

「教えてくれればできるのに、教えてくれないからできない」という感覚です。もっと言うなら、「教えてもらってそのとおりに取り組む方が効率的だ」「教えられることもなくただ野に放たれて試行錯誤の中で学べというのは非効率だ」といった感覚なのだろうと思います。いわゆる「コスパ感覚」です。

前節で、「コスパ感覚」というものは、「消費者」のものであると言いました。「消費者」の本質とは何でしょうか。それは、「自分は変わらなくてよい」ということです。つまり、「成長しなくてよい」ということなのです。

例えば小売業において、消費者が商品にクレームを言ってきたとしましょう。業者の側はよほどのことがない限り、自分の側にミスがなかったとしても、消費者に対して丁寧に対応し、その要請を適える方向で話を進めるはずです。例えば、私たちの仕事であれば、保護者からクレームが来た場合、基本的には同様の対応を採ります。本音では相手側に非があると思っていたとしても、そうした対応を採ります。そしてそれは、業者側なら消費者を、教師なら保護者を、「成長させよう」とか「力量を高めよう」などとはまったく考えていないからできることなのです。

さて、あなたは、自分が「成長しよう」としているでしょうか。

「教えてくれればできるのに、教えてくれないからできない」という考え方は、何かからまいやり方というものが「自分の外」にあって、それを身につけていない自分だからできない、ということを意味します。

そういうアプリがないからできない。アプリがあればできる。自分は一切変わらなくてよいのです。悪いのは「アプリがないこと」なわけですから。

しかし、「生産者」はこう考えます。

「こういうアプリがあればいいのにな。よし、ここは一つ、開発してみるか」

「消費者」から「生産者」になるとは、こういうことなのです。そして、そうしたアプリを開発して変わっていくこと、世の中ではそれを「成長」と呼ぶのです。

「石の上にも三年」と言います。「石橋を叩いて渡る」とも言います。

自分の外にあるアプリを身につけてから教壇に立つというのは、失敗しないことを求めているわけですから、「石橋を叩いて渡」ろうとしているということです。しかし、アプリには不具合もあれば期待はずれもあります。次に待っているのは、「こんなはずじゃなかった」「もうどうすればいいかわからない」かもしれません。

しかし、自分で開発したアプリなら、それを世の中で一番よく知っているのは他ならぬ「自分」です。自分がそのアプリの一番の使い手ということになるわけです。石の上に三年も座り続ければ、それが見えてきます。

3

犬も歩けば棒に当たる

【犬も歩けば棒に当たる】
　出しゃばって何かをしようとすれば、思いがけない災難に遭うことがある。外を出歩けば、思いがけない幸運に巡り合うことがある。

教師という職業は、四月一日に着任してその数日後、六日か七日あたりには担任学級をもって具体的に動かなければならないという特殊性をもっています。

しかも相手は想像していた以上に激しく、あれこれ忙しく動き回る子どもたちです。動き方も背景も異なる子どもたちを数十人、いきなり任されるわけです。

それは研修を一切受けずに介護現場で要介護の方々に対応しろと言われたり、ＯＪＴなしにいきなり一人で営業に行かされるのに近いのかもしれません。そうした意味では、若者たちの叫びにも一理も二理もあると言えるでしょう。

ただし、教師に限らず、介護や看護、営業もおそらくそうだと思いますが、人間相手の、「対人コミュニケーション」を基盤とする職種においては、研修でこれを学べば十分という「マニュアル」は存在しないということだけは意識すべきかもしれません。

確かに、教師の仕事、子どもに対応する仕方においても、「これだけは言える」という基本的な構えのようなものはあります。よりスムーズに子どもたちに対応するための「最大公約数的な方向性」といったものです。

しかしそれらは、実は中堅やベテランと呼ばれる教師でも身についていない場合が多いのです。また、確かに身につけ、使いこなしてもいるのですが、それらはあくまで経験的に身につけられたものであって、当人の中でも「意識されていない」「整理されていない」

ということも少なくありません。

　新任の若者から見れば、ベテラン教師は〈スキル〉を用いて的確に子どもたちに接しているように見えるかもしれません、しかし、当のベテラン教師たちはそれらを〈スキル〉だと思って使っているのではなく、試行錯誤によって培った〈感覚〉によって子どもたちに対応しているだけ、と考えている場合が決して少なくないのです。当然ながら、意識されていないことを他人に分かち伝えることは不可能です。

　例えば、〈スキルA〉があるとします。〈スキルA〉が若手に伝承されるという場合、「〜の場合には〜するとよい」という命題型スキルとして伝えられることになるでしょう。しかし、〈スキルA〉を学ぶということは、この命題型の一文を学ぶことに止まりません。「ただし、学級集団が教師のそのスキルAに慣れすぎてしまうと、スキルAを使わない教師の指導を理解できなくなり、他の教師に指導を受けた場合に軋轢《あつれき》が生じる可能性が高い」とか、「ただし、学級集団が成熟し、そのスキルに慣れた段階では、スキルAを少しずつ消していく必要がある。その段階の観点は〜や〜などが考えられる」とか、「ただし、スキルAが機能しないタイプの子どもたちがおり、代表的なのは〜タイプ、〜タイプである」とか、「ただし、スキルAには〜の場合には逆効果になりかねないという難点があり、その場合には〜」とか、数え上げればキリがないほどの膨大な〈ただし書き〉がつくことになります。

これらは「知識」ではなく、「生の子どもたち」の「生の現実」に対応しようとするわけですから、〈ただし書き〉を書き出せば受験参考書や六法全書をも凌駕するほどの項目数になるはずです。

しかも若手がたとえそれらを学んだとしても、実際に「生の現実」で学んだわけではありませんから、何か〝こと〟が起きたときに即時対応ができるわけがありません。

結局、試行錯誤しながら、ある程度の時間をかけて自分なりのスタイルを確立していくという方が、教師の力量形成の在り方としては現実的なのです。言うまでもないことですが、〈対人スキル〉というものは経験においてこそ最も身につくものですから。

「犬も歩けば棒に当たる」と言います。「①出しゃばると災難に遭う」という意味もありますが、「②出歩いているうちに幸運に巡り合うものだ」という意味ももっています。教職の力量形成というのは、この②の積み重ねなのです。

それは、教職に限らず、看護・介護・営業といった「対人コミュニケーション」を基盤とする職業には、「〈フィールドワーク〉型研究」の側面があるからです。

〈フィールドワーク〉しているうちに、そこで得られたデータの集積から自分なりのスキルが身についていく。そうした構造をもっているのです。

4

柳の下のどじょう

【柳の下のどじょう】

一度柳の下でどじょうを捕まえたからと言って、柳の下にどじょうがいつもいるわけではない。一度幸運を得たからと言って、再びあるとは限らない。

教師という職種は、マニュアル化が不可能な職種です。いかなるベテラン教師であっても、取り敢えずこうしてみる、それがダメならこうしてみるという、「試行錯誤」の毎日として過ごしています。

新卒も中堅もベテランも、常に試行錯誤の毎日を送る。その試行錯誤の中で選択される手立ての有効率が経験の中で上がっていく、教師とはそういう職業です。

新卒から中堅へ、中堅からベテランへと経験を重ねていくことによって、確かに手立てが「当たり」になる確率は大きくなっていきます。しかし、どんなに力量が高い（と目される）ベテラン教師であっても、決して「100％の当たり」を継続させることはできません。時には「大穴」を開けることさえあります。

つまり、新卒→中堅→ベテランと、一般的には「手立ての有効率」が上がってはいきますが、それはあくまで相対的に言えることであって、「有効率100％」という教師は世の中に一人もいない、ということなのです。

しかも、そうした有効性の高いスキルがあったとして、そのスキルはすべての子どもに対して有効というわけではありません。

子どもたちは一人ひとり別人格であり、さまざまな背景ももっています。「どの子にも通じるスキル」というものは、この世に一つもありません。教師が「有効率の高いスキル」を、「経験」の中で、「試行錯誤」を通じて、「感覚的」に身につけていくのは、「教育」という営みのこうした構造が招いているものなのです。

「学級」という集団を動かそうというとき、それなりに「有効性の高い手立て」というものは確かにあります。しかし、どんなに確率の高いスキルだったとしても、せいぜい7割程度というのが私の実感です。

7割程度の子どもたちに有効性なスキルと、6割程度の子どもたちに有効なスキル、4割程度に有効なスキル、2割程度の子どもたちにしか有効ではないスキル……。こうしたさまざまな有効率のスキルがあります。

しかし、ここで重要なのは、7割スキルが一〇〇種類あるとして、その7割スキル一〇〇種類を身につければ教師として力量を高められるかというと、決してそうとは言えないという現実です。もちろん、7割スキルは多くの子どもたち、最大公約数的な子どもたちには通じるでしょう。7割スキルが通じなかった場合、次に6割スキルを繰り出してみる、それで多くの場合はうまくいく、みなさんはそう考えるかもしれません。

しかし、そうではないのです。ある子には7割スキルも6割スキルもまったく通じない。通じないどころか、マイナスに作用してしまうことさえある。その子に通じるのは1割スキルにも満たない、5％スキルや3％スキルのみでしかない。そういう場合がいくらでもあるのです。

しかもその5％スキルや3％スキルを学級に施すと、7割程度の子どもたちに悪影響を及ぼしてしまう。そんなことさえ少なくありません。

つまり、どんなに力量の高い教師であっても、その子に、或いはその学級集団に対応してみないとどのスキルが有効なのかがわからない。それが教師の世界なのです。

「柳の下のどじょう」ということわざがあります。一度柳の下でどじょうを獲ったからと言って次もそこにいるとは限らない、という意味です。

教師という仕事は、「柳の下のどじょう」の連続です。しかも柳の下にはどじょうがいないばかりか、毒ヘビがいることさえある。どじょうは柳の下にいないばかりか、水の中にさえいなくて、探してみると木の上にいたりさえする。その場そのときに本気になって探して、〈フィールドワーク〉し続けないと、幸運とは巡り会えないのです。

それはあまりにも当たり前のことですが、子どもたちが一人ひとり違うからです。

Twitterを見ていると、新任教師の「子どもたちをかわいいと思えない」という声に出会うことがあります。それは、自分が勝手にどじょうは柳の下にいると思って、遠い川底に移動したどじょうや、木の上にいることを好むどじょうに目が向いていないだけのことなのです。

5

餅は餅屋

【餅は餅屋】
なんだかんだ言っても、餅は餅屋のついた餅が一番おいしい。仕事は専門家に任せるのが一番いい。

「霜降り明星」というお笑いコンビがいます。

ボケのせいやとツッコミの粗品で舞台狭しと駆け回ることで有名な若手コンビです。言うまでもないことですが、せいやには独特の「ボケ」のスキルがあり、粗品は独自の「ツッコミ」のスキルをもっています。

ここで考えてみてほしいのです、せいやの「ボケ」のスキルを粗品が身につけ、粗品の「ツッコミ」スキルをせいやが身につける。そして、コンビのボケとツッコミを入れ替えたとしたら、「霜降り明星」は同じようにウケるでしょうか。想像してみてください。せいやのスキルを粗品が用い、粗品のスキルをせいやが用いている姿を。

おそらく、みなさんの多くは否定的に思われるはずです。想像だにできないという方も少なくないでしょう。

恋愛にスキルというものがあったとします。その「恋愛スキル」に7割の成功率があるとされるものや4割の成功率があるとされるものがあったとしましょう。それらのスキルを菅田将暉が用いたときと中村倫也が用いたときとでは、その効果は同じでしょうか。霜降りせいやや粗品が使った場合ならどうでしょう。

そろそろ、私の言いたいことがおわかりいただけたでしょうか。

そうです。実はスキルというものは、使う人間によって効果が異なるのです。

なぜなのでしょうか。

それはスキルの効果というものが、使う人間の〈キャラクター〉と切っても切れない関係にあるからです。私はこれを、「スキルの属人性」と呼んでいます。

読者のみなさんも、何らかの営業を受けた経験がおありだと思います。

同じような営業スキルで商品を紹介されたというのに、ある営業マンからは買おうと思えなかったけれど、ある営業マンにはその気にさせられてしまった、そんなことがないでしょうか。何が違ったからなのでしょう。それは決して、イケメンだったからとか、話がうまかったからとかいった理由だけでなく、もっと全人的な印象によるものだったのではないでしょうか。

実は、教育のスキル、教師のスキルも同様の構造をもっています。同じスキルだったとしても、使う人によってその効果が異なるのです。

若いときにしか使えないスキルもあれば、ある程度の年齢に達しないと使えないスキルというのもあります。こわもての教師にしか使えないスキルもあれば、優しい印象の教師にしか使えないスキルというのもあります。ある特殊な教師にしか使えないスキルというものもあるかもしれません。

そもそもスキルというものは、使う者の〈外〉にあるものではなく、使う者の〈内〉にある、つまり〈キャラクター〉と切り離せないものなのです。

教えてくれればできるのに……。若手教師の多くがそう思っています。しかし、多くの教師が簡単に「こうすればいいよ」と新卒教師や若手教師に教えないのは、誰が使ってもうまくいくという「絶対スキル」というものが教師の世界には存在しないからなのです。その証拠に、誰がつくっても同様となるような事務仕事なら、みんなすぐに教えてくれるはずです。例えば、職員会議の提案文書のつくり方や管理職に提出する人事考課に関する文書、教委に提出する文書の書き方などであれば、みんなすぐに「こうすればいいよ」「こうすれば効率的だよ」と教えてくれるはずなのです。

しかし、子どもへの対応の仕方、保護者への対応の仕方、授業運営の仕方、学級運営の仕方……となるとそうはいきません。それは多くの教師にとって、自分のやり方を若手に強制してはいけないと思われるからです。事務仕事であっても、学級通信の書き方、通知表所見の書き方といった自分の〈キャラクター〉と不可分のものについては同じ構造をもちます。

俗に「餅は餅屋」と言います。どんな世界にも、物事にはそれぞれの専門家があるということです。私たちは「自分という教師」として、自分の〈キャラクター〉に合致したスキルを身につけた、「専門家」にならなくてはならないのです。

6

負うた子に教えられる

【負うた子に教えられる】

背負った子から浅瀬を教えられて川を渡れることもある。自分よりも年下の者や未熟な者から教えられることを忌避してはいけない。

教師の悩みは尽きません。

「この教材、どうやって授業しようか」

「どうすればあの子は漢字が書けるようになるのか」

「どんな授業をすれば子どもたちは真剣に授業に向き合ってくれるのか」

「どうしたらあの子が立ち歩かないようになるのか」

「あの子と人間関係を結ぶための何かよい方法はないか」

「子どもたちが夢中になって行事に取り組む、何か手立てはないか」

多くの教師は日常的にこのような問いを抱きます。ところが、なかなかよいアイディアは浮かびません。いったいどうすればよいのか。教師は途方にくれます。

しかし、実はこのような問いにとらわれているから、現状を打開できないのです。

これらの問いには、「悪しき構造」があります。すべての問いに共通した「悪しき構造」があるのです。みなさんはお気づきでしょうか。

それは、これらすべての問いが〈ＨＯＷ〉の問いだということです。「どうやって」「どうすれば」「どんな授業をすれば」「どうしたら」「何かよい方法はないか」「何か手立てはないか」のすべてが〈ＨＯＷ〉、つまり「方法」の問いなのです。

どこかにこの教材のよい授業方法があるに違いない、それがわかればいいのにと思う。

どこかにあの子が漢字を書けるようになる指導法があって、それを知っていさえすれば、こんなにあの子の漢字指導に苦労することはないのに、と思う。

どこかに子どもたちが夢中で取り組むような授業の仕方はないだろうか、それがあれば自分もよい授業ができるのに、と思う。

〈ＨＯＷ〉の問いは、目が子どもたちに向いていない問いです。ここではないどこか、つまり子どもたちの外に何か素晴らしい方法があって、それを知りたい、そうすれば現状が変えられるのに、そういう問いなのです。

しかし、〈ＨＯＷ〉の問いをいくら投げかけてみても、現状は変わりません。この世に目の前の子どもたちを、その子ども自身を劇的に変える素晴らしい方法など存在しないからです。目の前にいるのは他の子とは換えることのできない、この世にたった一人の具体的な子どもであり、具体的な子ども集団です。その子に、或いはその子たちに適した学習方法を立案できるのは、その教師だけなのです。この構造も普遍です。

実は、教師は〈ＨＯＷ〉と問うのではなく、〈ＷＨＹ〉と問うべきなのです。

「この教材、どうやって授業しようか」と問うのではなく、「この教材はなぜ、教科書に載っているのか」問えば、「この教材のどんな良さを子どもたちに伝えるべきか」という教材に内在した価値に目が向きます。

「なぜ、あの子は漢字が書けないのか」「なぜ、あの子は立ち歩くのか」と問えば、その子の背景に目が向き、保護者と面談してみようと思うかもしれません。

「なぜ、自分はあの子と良好な関係を結べないのか」と問えば、何か外にある方法をと考えるのではなく、その子への自分のふだんの接し方に目が向き始めるはずです。

〈HOW〉を〈WHY〉へと問いを変えるだけで、思考の方向が革命的に変わります。すべてが具体的な子ども理解、具体的な子ども集団理解、そして教師としての自分に対するメタ認知という方向に向かうのです。

「負うた子に教えられる」ということわざがあります。学校現場でもよく、「子どもに教えられる」とか「子どもに学ぶべきだ」とか言われます。

しかしこれらは何も、子どもたちが言葉で「先生、こうしたらいいよ」と教えてくれたという話ではないのです。子どもをよく観察しているうちに、なぜそうした行動をとるのかという背景に気がついた。子どもたちと毎日一緒に遊んでいるうちに、子どもたちが何に喜ぶのか、何を楽しむのかということに気がついた。それを授業に導入してみたら見違えるような成果が出た。そういうことなのです。

そしてそれらは、「どのように」と問うのをやめて、「なぜ」と問うてみる、そこから始まるのです。

7 千里の道も一歩から

【千里の道も一歩から】
千里の遠くに行くのにも、最初は一歩目から始まる。大事を成すにもまずは小事を積み重ねることから始まる。

この原稿を書いているのは、二〇二二年の八月二八日、日曜日です。Twitterでは、新任教師たちの「夏休みにもっと仕事を進めときゃよかった」という後悔投稿が目白押しです。まあ、夏休みの宿題をぎりぎりまでやらない子どもたちと同じ状態です（笑）。

そうした若者たちはその後、「仕事が早く終わるスキル」はないものかと叫びます。そして彼ら彼女らは、そんな魔法のようなスキルはないよね、と諦めて仕事に戻ります。

いま、Twitterはそんな若者だらけです。

でもあるんです。仕事を早く終わらせる方法が。仕事を早く終わらせてしまえる魔法のようなスキルが。この国の職業人が全員このスキルを身につけたら、日本の生産性は劇的に上がるんじゃないか、それほどの威力があるのではないか、私はそう感じています。

それは、「早く始める」ということです。

「はっ？」と思われたことでしょう。「期待して損した」と思われたかもしれません。しかしこれは、「仕事を早く終わらせる」ための、たった一つの普遍原理です。

教師には毎日毎日、めまぐるしいほどの仕事があります。ひと仕事終えても、また次があります。それを終えてもまた次です。

普通の人は仕事が一つ終わったら、その満足感にひと晩浸ってしまいます。でも、それはしない方がいい。ひと仕事終えて、次の仕事を仕上げるのに一番必要なのは、いま終えた仕事の余韻を引きずらず、次を「始める」ことなのです。ほんのちょっとでいいから始めることです。始めてしまえば近いうちに終わります。

今日余韻に浸ってしまったら、始めるのはいつになるかわかりません。余韻に浸るひと晩は、たいていひと晩では終わらないからです。始めない言い訳なんて、日常にいくらでも転がっていますから。

例えば、私は昨日、『道徳授業一〇の原理・一〇〇の原則』という本を脱稿しました。脱稿して編集者に送信した後、私が最初にしたことは何か。それは本書の原稿を9行ほど書いてみることでした。要するに、本章第1節「井の中の蛙 大海を知らず」の冒頭の9行を書いたのです。それを書いてから寝たわけです。すると、今朝起きて、すぐに続きを書き始めようという気になりました。

これがもし、道徳本を書き上げたまま寝ていたら、つまり今朝の段階で本書がゼロだったら、私はまずテレビを見ただろうと思います。だって新しいことを始めるのって億劫ですから。でも今朝は、めんどくさいなとか、急がなくていいやとか、ネガティヴな気分になることも自分に言い訳することもなく、スーッと執筆に入れたのです。それは間違いなく、昨夜9行だけ執筆を進めたことの効果です。

実は学校の仕事も同じです。

何か文書づくりが終わったら、すぐに休憩に入らないで次の文書のフォーマットを固めて、何行か打ち込んでから休憩に入るのです。きっと休憩が終わったら、すぐに続きを打ち始めるはずです。

子どもたちにテストをしたら、採点が面倒だと思っても、3枚から5枚くらい採点してみるのです。それからふぅとひと息つくのです。きっと中途半端感に耐え切れず、「やっちゃおっ」となるはずです。

要するに、ちょこっと始めてから休憩に入るのです。たったこれだけのことで、時間を無駄にすることがなくなります。

「千里の道も一歩から」と言います。どんな仕事も一歩目を踏み出してみれば、なんとなくその仕事を片づけてしまいたくなるものです。人は、中途半端にしておくのがなんとなくいやなものですから。

ところが、一歩目を踏み出さないと、その一歩目がどんどん遠のきます。本当は百里の道でしかないのに、千里にも二千里にも感じてしまいます。

確かに一歩目も一歩、百歩目も一歩、千歩目も一歩は一歩です。しかし、第一歩目は、仕事を終わらせるための最重要の一歩なのです。

8

聞くは一時の恥　聞かぬは一生の恥

【聞くは一時の恥　聞かぬは一生の恥】

知らないことを人に聞くのは恥ずかしいものですが、聞かずに知らないままでいると一生恥ずかしい思いをするので、知らないことはすぐに聞くのがよい。

「そんなこともできないのか」

「そんなことも知らないのか」

どちらも新任の若者が怖れている言葉です。

新任だけでなく、2年目や3年目も怖れていることでしょう。いいえ、若者だけでなく、実は中堅教師やベテラン教師にはもっときつい言葉であるはずです。経験年数が長くなればなるほど、できないことも知らないことも許されなくなりますから。

その点、みなさんは若い。

できないことも知らないことも許されます。むしろできないのも知らないのも、当然とさえ言えます。

もしも先輩教師に聞いてみて「そんなこともできないのか」「そんなことも知らないのか」という言葉が返ってきたら、にこやかに「すみません。勉強不足なもんで」と言えばいいだけです。「そういう言い方しかできないのね」と陰で蔑めばいいだけです。そして自分に後輩教師ができたときにどう対応すればいいか、その反面教師にすればよいだけなのです。できないまま、知らないままにしておくよりずっといい。

若いときには、心置きなく「ヘルプ」を出せます。先輩たちはみんな忙しそうにしていて声をかけづらいかもしれませんが、渡る世間に鬼はなし、ちゃんと優しく教えてくれ、ちゃんと優しく助けてくれる人は必ずいます。助けてくれた先輩には、その先輩が手数を必要としている仕事をしているとき、率先して手伝ってあげればよいだけです。

困っているのにヘルプを出さず、締切ギリギリになって「できていません。助けてください」というのでは、先輩教師も困ってしまいます。「もっと早く言ってよ」ということになって、あなたの評価は「ヘルプを出せない人」「自分の能力をわかっていない人」、つまり「コミュニケーション能力のない人」となってしまいます。

「コミュニケーション能力」とは、大局を見通しつつ相手の立場を慮《おもんぱか》れる能力を言いますから、時間ギリギリになって相手の都合も考えずに、というのは最悪です。もっと前に言ってくれれば、先輩教師だって、自分の都合に合わせて時間をとって教えるということができたのです。それが締切ギリギリでは、何を措いてもそれを優先しなくてはなりません。それが「迷惑」なのです。

例えば、評価評定の時期、明日が締切という日にヘルプを出されても、先輩教師も明日の締切に向けて集中力を高めている時期です。そんなときに教えてくれと言われても、時間のやりくりができません。これが五日前なら、いま後輩に時間をとられても、なんとか時間をやりくりすれば締切に間に合わせることができます。

例えば、保護者と揉めたとき、自分でなんとかしようと電話をかけたり家庭訪問に行ったり、それでも保護者の態度の変わらない、それどころかもっと態度が硬化している、そこでヘルプを求めても、先輩教師は「もっと早く言ってよ」になります。問題が小さいうちなら解決もできたのに、問題が大きくなってしまったら解決には何倍もの時間と労力がかかるものです。

一度こういうことをしてしまうと、次にまた同じようなことが起きたときに、ヘルプを出しづらくなります。「またか」と思われるんじゃないかと。こうしてだんだん肩身が狭くなっていきます。

しかも、聞かなければならないことを聞かない、問題が大きくなるまでヘルプを出さないというのは、癖になります。次は同じ失敗をしない、新しい職場ではちゃんと報告して迷惑をかけないようにしよう、そう決意してもなんとなく躰に染み込んだ動き方はそう簡単には変わらないものなのです。

「聞くは一時の恥 聞かぬは一生の恥」と言われます。これからの長い教員人生、若いうちの無知、若いうちのヘルプで済む話なら、どうということはありません。多少恥ずかしいと思っても、多少いやな思いをすることになっても、一時の話です。

むしろ、一時のネガティヴな思いを怖れるあまり、大穴を空けてしまったら、取り返しのつかないことになってしまうかもしれないのです。

9

三人寄れば文殊の知恵

【三人寄れば文殊の知恵】
特に頭のよいわけでもない平凡な人間でも、三人集まって相談すれば何かよい知恵が浮かぶものである。

「研究集団ことのは」という教育サークルで活動して、三十年以上が過ぎました。あまり知られていないことですが、このサークルは三十年以上前、初任者研修で知り合った仲間たちと結成しました。その後、後輩教師が入ったり離脱する者が出たりとメンバーの入れ替えがあって現在がありますが、スタートは初任者ばかりだったのです。

職場では最若手。何をどうやっていいかわかりません。先輩方の見よう見まねで日々を乗り切るしかありません。しかし、初任者研修には同じ悩みをもつ者たちがいました。同じ不満をもつ人たちがいました。それが「癒し」にもなっていました。

しかし、初任者研修は一年が経つと終了です。私たちは、この場を失うことを怖れました。それで新任1年目の三月、月に一度集まって実践を交流しようということになったのです。

ここで大切なのは、「親睦を深めよう」ではなく、「実践を交流しよう」にしたことです。こんなことやったけどどう思う？　こういう子がいて困っているんだけど、みんなの学校にそんな子いない？　ひと月後に研究授業があって、こんなこと考えているんだけどどうかな……。こんなやりとりが月に一度あるだけで、来月も頑張れるような気がしました。もちろん、講師や顧問がいるわけではありませんから、みんな新任2年目です。しかも人数だって5、6人に過ぎません。それでも私たちにとっては、本音ベースで話し合える貴重な場でした。

職場では言えないような愚痴を言い合えたことも、決して小さくない効果があったように思います。同期の研究授業の指導案はもちろん、各々が自分の学校で配付された参考になりそうな文書を持ち寄って、共有できたことも大きかったと思います。この場がなかったら、当時の私たちのストレスは何倍にもなっていたことでしょう。

要するに、サークルが仕事の情報を得る場であると同時に、ガス抜きの場にもなっていたということです。

私たちは特に力のある教師であったわけではありません。なんせ新任2年目の集まりに過ぎませんから、いま考えても、そこで交わされていた情報などたかが知れています。しかし、紆余曲折を経ながらも、私たちはそのサークルを続けました。三年経っても五年経っても続けたのです。五年が経った頃には、もう生活の一部になっていました。

そしてサークル結成から一〇年が経った頃、私たちは一冊の本を出しました。『全員参加を保障する授業技術』（明治図書・二〇〇一年）という本です。私はいま、一般の公立学校教員としては珍しいほどの、百冊を超える著作を上梓していますが、そのはじまりは初任者研修で知り合った同期たちとの「情報交換」「話し合い」「愚痴の言い合い」に過ぎないものだったのです。

私たちがもし、「実践を交流しよう」ではなく、「親睦を深めよう」を目的として、月に一度一緒に飲もうねという会を開いていたとしたら、それはおそらく数か月ももたなかったでしょう。回を重ねるごとに参加人数が減っていき、自然消滅していったに違いありません。いま考えても紙一重だなと思います。

「三人寄れば文殊の知恵」と言います。それほど頭のよい者でなくても、三人集まって相談すればよい知恵も生まれるもんだという意味のことわざです。

新任2年目の右も左もわからないような若者たちが、5、6人集まって月に一度程度の実践交流をしていれば、そこからはそれなりに提案性のあるコンテンツが生まれ、編集者の目に留まるような提案が出来上がる、ということです。「三人寄れば文殊の知恵」の現実的な問題は、果たして三人が寄れるか、ということでしょう。

みなさんもいま、さまざまなプレッシャーとストレスに苛《さいな》まれているのだろうと思います。しかし、自分一人でそのプレッシャーやストレスと闘うのは難しいのです。若いうちは学校現場はわからないことだらけです。どんなに強い人でも、見えない敵と闘うのは疲弊します。肉体的な体力のみならず、精神的な体力まで知らず知らずのうちに奪われていくものです。そうならずに進んでいくためには、仲間を得るのが一番の近道、私はそう思います。

10

禍福は糾える縄の如し

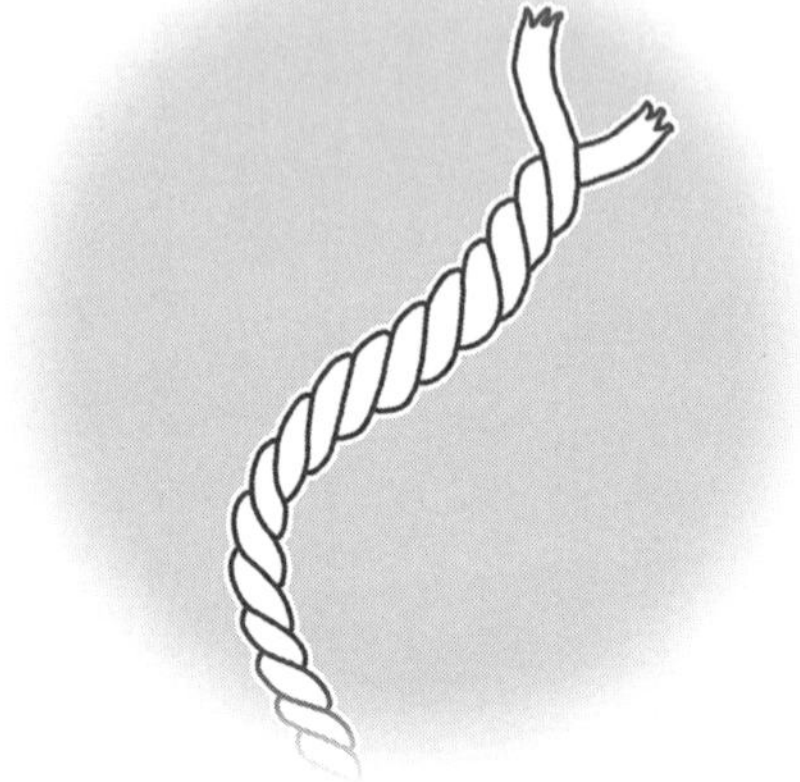

【禍福は糾える縄の如し】

人の幸不幸は、より合わせた縄のように表裏をなしていて予測できないもの。何が幸運で何が不運だったのか、その結果が出るまでは決してわからないものである。

鷲田清一さんに『「待つ」ということ』（KADOKAWA・二〇〇六年八月）という名著があります。

激しい苦痛は、ひとを「いま」に閉じ込める。激痛に見舞われているとき、わたしは激痛が消えたあとのことを思って、気を紛らす余裕がない。過ぎ去った昔の思い出に安らかに浸ることもできない。二、三分後、二、三分前のことすら考えることもできない。文字どおり、ひとは「いま」に貼りつけられる。

頭の痛み、歯の痛み、背中の痛み、膝の痛み……。ここでは「躰」の痛みが例に挙げられていますが、実は「心」の痛みも同じです。ひとたびネガティヴな心象に捕らわれてしまうと、人間は「現在」に縛りつけられてしまいます。「いまという瞬間」が過去とも未来ともつながっている動的なものであることを忘れてしまいます。

大きく深い悩み事があるとき、毎日が苦しいとき、日々がつらいとき、人は、比喩的に言えば、「今日」に縛られます。どんなに明晰な人でさえ、せいぜい考えられるのは「明日」のこと止まりです。今日はこんなにつらかった。明日もつらいに違いない。ネガティヴな心象に捕らわれたとき、「今日」を考えたって「明日」を考えたって、このネガティヴな状況から脱することができるなんてなかなか思えないものです。それは仕方のないことであり、いわば当たり前のことです。

誰もがそうなのです。決してあなただけではありません。


私は主宰している研究会で先生方の悩み事相談会のようなことを行うことがあります。先生方からは実にさまざまな悩み事が出されますが、最近は仕事が苦しい、学級がうまくいかない、職員室の人間関係に苦労している、というような相談が多い現状があります。しかし、どのような悩み事に対しても、私の答えはたった一つです。

私はいつも次のように答えることにしています。


まず、五年後の自分を考えてみましょう。仮に五年後も教員として働いているとします。いまの自分よりは、教師として少しだけ成長しています。そんな五年後の自分を想定してみるのです。

さあ、その五年後の自分は、いまの自分の苦しみについてどう感じているでしょうか。きっとやんちゃな子をもったあの苦しみは、保護者の執拗なクレームに悩まされたあの月日は、同僚とうまくいかなくて「やってらんねえよ」と感じたあの一年は、いまの自分にとって必要な経験だった、そう感じているのではないでしょうか。

　これまでだって、いくつも、「人生の危機」はあったのです。ママに叱られたとき、あの娘に振られたとき、大学や教採に落ちたとき、祖父母が亡くなったとき、確かに世界は絶望的に暗く見えました。でも、ちゃんと乗り切ってきたのです。いま現在のこの出来事も絶望的だなんて思わないで、五年後の自分が振り返るときのよい経験にしてみようではありませんか。そう考えて、もう少しだけ頑張ってみませんか。

　それでもダメだ、絶望的だというのであれば、逃げればいいだけです。こだわりを捨てて流されてみる、恥も外聞も捨てて逃げてみる、そういうことだって、長い目で見れば経験です。誰だって究極的には他人よりも自分が大事ですから、精神を病んでまで、死にたいと思ってまで、他人に迷惑をかけないことを優先する必要はありません。

　精神を病みそうならば休めばいい。死にたいなんて考えるようになったら絶対に退職した方がいい。教職は確かに尊い仕事ですが、精神を病んだり、命を賭けてまでしがみつくべき仕事ではありません。

　私はこれを「明後日《あさって》の思想」と呼んでいます。「今日」に縛られている自分、せいぜい「明日」のことしか考えられない自分、そんな自分を、仮に「明後日の自分」を想定してみて、その視点・視座から「いまの自分」を眺めてみるのです。考えるうえでの時間軸をちょっとだけ、「長期間」に据えてみる。いま現在の痛みに縛られている自分を、「過去の自分」と「未来の自分」との連続性の中で捉え直してみる。そんな試みです。

いま現在の痛みをちょっとだけ距離を置いて見てみる。いま現在の苦しみをちょっとだけ相対化してみる。いま現在のつらさをちょっとだけメタ認知してみる。そう言い換えてもいいかもしれません。

もちろん、そんなことをしたって、いまのこの痛みや苦しみやつらさが劇的に緩和されるわけではありません。痛みも苦しみもつらさも、やはり痛いし苦しいしつらい。しかしそれでも、ただ「いま」に縛られ、ただ「いま」に貼りつけられているよりはずいぶん視野が広がるはずです。痛みや苦しみやつらさに縛られ貼りつけられているのでは、絶対にポジティヴな考えは生まれません。胸に手を当てて考えてみましょう。あなただって本当は、ポジティヴに生きたいはずなのです。

「禍福は糾える縄の如し」と言います。「人間万事塞翁が馬」とも言います。

少しだけ遠くを見ると、少しだけポジティヴになれるかもしれません。

第二章
教師の指導術一〇〇の原則

最低限必要な技術

小学校教師であろうと中学校教師であろうと、誰もが身につけなくてはならないほどに必要とされる、「最低限の技術」があります。一般に〈ミニマム・エッセンシャルズ〉と言いますが、ここではそれを「一〇の原則」として紹介します。

これらを身につけていない教師は、中堅になってもベテランになっても苦労することになります。そうした教師をたくさん見てきました。その意味で、みなさんには、新任の段階でこれらの一〇原則を強く意識しながら毎日を過ごしてほしいのです。

すぐに定着するタイプの技術もありますし、

定着するにはある程度時間のかかるものもありますが、どれも一年間意識して子どもたちの前に立てば、ほぼ定着するというものばかりです。これらが定着すれば、取り敢えず、子どもたちとの関係が大きく崩れるとか、授業が崩壊するとかいったことはなくなります。一つ一つ、自分の日常を振り返りながら読んでほしいと考えています。

なお、それほど大切な一〇原則ではありますが、ここでは紙幅の都合でごくごく簡単にしか解説できません。詳細は拙著『学級経営一〇の原理・一〇〇の原則』（学事出版・二〇一一年）を御参照ください。

最低限必要な技術

1　一時一事の原則
2　全体指導の原則
3　具体作業の原則
4　定着確認の原則
5　具体描写の原則
6　時間指定の原則
7　即時対応の原則
8　素行評価の原則
9　一貫指導の原則
10　同一歩調の原則

1
一時一事の原則

一度に一つのことしか指示しない、次の指示は全員が一つ目に指示されたことをやり終えたことを確認してから提示します。

「まず○○をやってね、次に△△をやります。このとき□□に気をつけないと××になることがあるからよく確認してくださいね。それが終わったら……」

若手に限りませんが、教師はよくこういう指示の仕方をしがちです。

子どもたちはわかるだろうと思って、こうした指示をしてしまうのです。或いは、自分に余裕がなくて、とにかく言うべきことを全部言ってしまわなくちゃという思いがこうさせる場合もあります。でもそれは、一応全部言ったよというアリバイづくりのためであって、子どもたちに理解させるためではありません。自分のためです。

もちろん、こうした指示でも理解できる子はいます。成績上位の子どもたちです。しかし、成績下位の子や特別な支援を要する子には、この指示は通りません。途中で自分の頭の中が情報量で飽和になり、聞くのを諦めてしまう子も出てきます。

「一時一事の原則」を使うと、次のようになります。

「まず、〇〇をします。はい、やってみてください」

机間巡視をします。

「終わりましたか？　まだ終わってないよという人、手を挙げて」

挙手する子がいれば、時間をとる。場合によっては自分が行って補助したり、隣の子に手伝うことを依頼します。

「みなさん、終わりましたね。では、隣同士でちゃんとできているかどうかを確認し合ってください。もし隣の人が間違っていた場合には直してあげてね」

全員が終わったことを確認します。

「では、次に△△をします。このとき、□□に気をつけないと××になることがありますからよく確認しましょうね。何か質問はありますか？　では、スタート」

教育活動には「この一時間でこれに取り組む」という目標があります。その目標に向けて全員を連れていく。教師にはその構えが必要です。こうした構えをもってこそ、アリバイづくりに陥らない、子どものための指示になるのです。

2 全体指導の原則

学級集団の誰もが知っていなければならないことは、常に全体に指導します。今日はこの子たちに、明日はこの子たちにといった時間差をつくらないようにします。

年度当初、日直の動き方、給食当番の仕方、清掃当番の仕方を確認します。

もちろん、最初に全体指導で確認するわけですが、実際の作業中に、ある一人の子から質問が出ることがあります。

例えば、給食準備中のこんな質問のことです。

「先生、このお皿って何個余るんですか?」

こんなとき、みなさんはどう答えるでしょうか。

「三枚だよ。だから、食器の余りは三枚＋その日の欠席者数になるの」

「はい、わかりました」

こんなやりとりをしていないでしょうか。

この情報はこの子だけが知っていればよいという情報ではなく、学級の子どもたち全員が知っていた方がよい情報です。

こうしたとき、「全体指導の原則」を使って、次のように言います。

「はい、みなさん、注目してください。盛りつけをしている人も手を止めてください」

まず学級の子どもたち全員を引きつけます。

「いま、盛りつけをしている○○くんからとってもいい質問が出ました。みんなが知っていた方がいいことなので、みんなに伝えることにします」

その子をさりげなく褒めます。

「食器はお皿もカップも、調理員さんが三枚ずつ予備を入れてくれています。ですから、盛りつけをするときには、余りが三枚になるまで盛りつけます。ただし、欠席者がいる場合もありますから、盛りつけをするときには、欠席者を確認して、余る食器は三枚＋欠席者の数ということになります」

子どもたちが理解しているかどうかを表情で確認します。

「何か質問はありますか？　では、以上です」

全員が知るべき情報は、常に全員に知らせる。全員に指導すべき事項は、常に全員に指導する。これが「学級全員を連れていく」ということなのです。

3
具体作業の原則

作業指示、活動指示については、言葉による指導で事足れりとするのではなく、必ず準備段階で本番通りにやらせてみます。

明日、体育館で初めての学年集会があるとしましょう。背の順に並び、椅子を持って整列して体育館に入場する。そういう動きがあります。こうした場合、言葉で説明しただけでは伝わらない子がどうしてもいます。その子たちも「連れていく」には、一度、実際にやってみることです。

「これから背の順を確認します。自分は前の方だなあと思う人はなんとなく前の方へ、自分は後ろの方だなあという人はなんとなく後ろの方へ集まってください。その後、先生が確認していきます。では、全員廊下に出てください」

こうして廊下で背の順を確認します。

「自分の前の人が誰か、後ろの人が誰かをもう一度顔を見合わせて確認してください」

この作業も怠ってはなりません。子どもたちの中には、互いに関心を抱かない子がいるものです。

「では、教室に戻って椅子を持ってきて、もう一度、背の順に並んでください」

最初から椅子を持たせたのでは、椅子が邪魔になって廊下が混乱します。

「では、廊下を歩くときの椅子の持ち方を確認しますね」

こう言って、学校で決められた椅子の持ち方を確認します。

「それでは、口を開かず、実際に廊下を歩いてみますよ」

こうして実際に廊下を数十メートルから百メートルくらい歩いてみます。その様子を見て、間隔など、気になることがあれば指導します。できれば、階段の上り下りも体験させるとよいでしょう。

「実際に階段の上り下りもやってみますよ。ただ廊下を歩くよりも危険ですから、気をつけてくださいね」

作業の仕方を指導するとはこういうことなのです。

学校には作業がたくさんあります。日直、朝・帰りの学活、給食当番、清掃当番、どれもその作業の仕方を全員が知っていなければならない作業です。食器への盛りつけ方、箒のかけ方、どれも具体的にやってみてこそ子どもたちは理解できるのです。

4 定着確認の原則

具体作業によって指導したら、時間を置いて必ずもう一度繰り返しやってみたうえで本番を迎えさせます。

「具体作業の原則」で一度やらせてみたからと言って、子どもたちに定着しているとは限りません。もう一度やらせてみて、本当に定着しているかどうかを確認するという作業を怠ってはなりません。

体育館の学年集会の例であれば、当日の朝、前日に確認した作業にもう一度取り組ませてみます。

「いよいよ今日の5時間目に学年集会があります。昨日整列の仕方をやってみましたが、覚えていますか?」

ここで、子どもたちの表情を確認します。昨日欠席していた子がいる場合にも、この場で確認します。作業をするときに「経験していない子」をつくってはいけません。

「では、昨日のとおり、もう一度やってみますよ。今度は先生は、何か危険でもない限り途中で口出ししませんよ。では、椅子を持って廊下に整列！」

こうして、昨日より短いコースで実際に歩いてみます。できていれば学級全体を褒め、できていないところがあれば指導します。教室に戻って「これで安心だね」と確認すれば、本番でもまず間違いなくできます。

学級の実態にもよりますが、「本番では、先生は口出しせず、少し離れたところで見ているからね」と自立を促すのも効果的です。学級代表や生活委員に、中心的に動くよう自覚を促すことも効果的です。


一度やってみてうまくいくと、教師も子どもも安心しがちです。しかし、その気のゆるみが失敗につながるものです。

一度成功したからといって安心せず、もう一度やらせてみて定着しているか否かを確認する。この指導過程があるかないかは、教師の指導力量のポイントの一つです。

「定着確認の原則」は、作業においては子どもたちに失敗させない、教師のそうした強い意志に支えられています。教師でさえ失敗には落ち込みます。責められるのではないかと萎縮します。子どもだって同じです。失敗しないように、失敗の可能性を極力下げるように、できることはすべてするのです。

5 具体描写の原則

指導言（説明・指示・発問）はできるだけ具体的に、具体例を挙げてを旨とする。その際、できるだけ目に浮かぶように「描写する」ことが大切です。

子どもたちに理念的な話をしなくてはならない場合があります。そんなとき、威力を発揮するのが具体的な描写です。

以下に私が学年集会で話した内容の例を挙げます。

例えば、みなさんに弟がいるとします。その弟は小学校二年生。年の離れた弟で、みなさんは目に入れても痛くないほどに可愛がっている弟です。

ある日のことです。その弟がみんなが覚えている九九をなかなか覚えることができず、もういやになってきたというのです。そして、弟はあなたに問いかけました。

「ねえお兄ちゃん、九九なんて覚えなくてもいいよね。別に勉強ができなくたって、楽しく、幸せに生きてる人はいっぱいいるもんね」

さあ、みなさんはこの弟に対して、「そうだね。いいよいいよ九九くらい。勉強だけがすべてじゃない」そう言えますか？　では、どう説得しますか？　みなさんはいま、中学一年生になって、九九を覚えなければその後の小数も分数も絶対にできなくなるということを知っています。日常生活でおつりの計算をするのにも人数を数えるのにも九九が必要であることを知っています。そういう経験があります。

でも、そんな説明はこの弟には通じませんよ。みなさんが経験を前提に当然のように感じている「あたりまえ」を、この弟は実感できないのですから。

なんて言いますか？　将来絶対に役に立つんだから頑張りなさい。そう言いますか？　でもそれは、みなさんがいつも親や先生に言われている、一番いやな言い方なのではありませんか？　さあ、どうします？

実は、いま、親や先生方とみなさんとの間にも同じ関係があるのです。

勉強というものは、まさにその勉強をしているときには、その勉強が将来どんな風に役立つのかとか、それを学ぶことにどんな価値があるのかとか、そうしたことはわからないものなのです。その勉強の価値がわかるのは、それをしっかりと身につけた後、それが別の勉強に役に立ったとか、日常生活で実際にそれを使う機会があったとか、そういう場面に接して、初めて「ああ、あれを学んでよかった」と思うことができる、そういう性質をもつものなのです。（以下略）

6

時間指定の原則

小集団で作業をさせるときには、終了時の時間差をつくりません。すべての活動に時間制限を設け、できるだけ時間差をつくらずに進めていきます。

授業にしても、学活にしても、総合にしても、小集団で作業をさせるという場面は多いものです。特に指示することなく放っておくと、明るい子がそろっているグループはささっと完成させてしまって時間を余します。反対に、何にでもこだわりをもって丁寧に仕上げることを大事にする子がリーダーシップをとっているグループは、時間内に終わらないということになります。「先生、家でやってきていいですか?」とか、「先生、放課後残ってやっていいですか?」とか言うことになります。

一部の子が家でやってくるのでは、グループ学習にした意味がありません。放課後は会議があって、子どもたちを残すわけにはいきません。さてどうしたものかと、教師としては困ってしまいます。

それ以上に困ってしまうのは、早く仕上げてしまった子たちが時間を持て余して、遊び始めることです。年度当初は注意すればなんとかなりますが、こういうことが続くと、学級が荒れ始めます。これは早く仕上げてしまった子たちに「時間的空白」ができることが原因です。みなさんも、子どもたちに「先生、終わったら何すればいいですか？」「先生、終わったんですけど、どうすればいいですか？」などと訊かれたことが、一度や二度はあるのではないでしょうか。

小集団による作業は、終わりの時間にできるだけ時間差をつけないことが肝心です。そうしないと、作業の早いグループにやることのない「空白の時間」が生まれてしまうからです。小集団活動における「空白の時間」は学級運営にとって鬼門です。教師が気づかぬままに、学級の「荒れ」の主たる要因になります。

小集団による作業に取り組ませるときには、事前に時間指定をすることが必要です。しかも、少し短めに指示します。この作業には10分かかるなと思ったら8分、30分かかるなと思ったら20分と指示します。そして、その時間が経過したら、「まだ終わってないグループ、手を挙げて」とか、「もう少し時間がほしいというグループは？」などと確認し、時間を延長するのです。

こうすると、丁寧に時間をかけたいグループも急ぎ始めます。また、早く終わりそうなグループには、教師が隣に行って雑な部分を指摘して修正させられます。

小集団の作業は、時間を指定しながら進めていくべきなのです。

7 即時対応の原則

問題行動を見つけた場合の指導、子どもから相談を受けた場合の面談、保護者への連絡の三点については、何を措いてもすぐに対応します。

子どもの問題行動を発見した場合、みなさんはすぐに対応しているでしょうか。もちろん暴力事案を見つけて危険を伴うという場合なら、すぐに対応するでしょう。でも、ここで想定しているのは危険を伴わない問題行動、例えば陰口、悪口、異装、不要物の持ち込みといったタイプの問題行動のことです。

こうした小さな問題行動は、確かに急いで指導しなくても、時間をかけて指導することが可能です。今日明日にでも何かが起こるというタイプの問題行動ではありません。しかし、この手の問題行動は、時間が経てば経つほど、その子の精神や子どもたちの関係性を蝕《むしば》んでいきます。

陰口を言っている子の今日の精神状態と、陰口を言い続けた三日後の精神状態は「似て非なるもの」です。悪口を言っている子と悪口を言われている子との人間関係は、三日後には大きく変容しています。異装で登校しても何も言われなかったという事実は、一週間後には取り返しのつかないような問題行動に発展することもあります。

先輩教師たちは、こうしたことがよくわかっていますから、見つけたらその場ですぐに指導します。もちろん指導が必ずしもうまくいくとは限りませんが、「指導した」「指導された」という〈事実〉が大切なのです。その事実が教師にとってはその後の指導のフレームになりますし、指導された子どもにとってもその後、「これは指導される事案である」という前提のもとに学校生活を送ることになります。

子どもや保護者から「相談がある」と言われたときも同様です。子どもにしても保護者にしても、教師に相談を求めるには、それ以前にどうしようかと迷う段階が必ずあったはずなのです。とすれば、忙しさにかまけて、それをズルズルと遅らせてしまうことは間違いなく信頼を失います。やっと相談を求めることができたのに、先生に裏切られた。そう思われてもおかしくありません。

保護者に対する連絡や報告も同様です。「今日、学校で叱られた」と子どもの口から保護者に伝わる前に、先に教師の口から知らせることが原則です。子どもは自分のやったことを〈メタ認知〉できません。ですから、どうしても自分に都合のよい言い方を保護者にすることが多くなります。いまわかっている最低限の連絡・報告で構いません。第一報はまず、教師からすること。それが原則なのです。

8 素行評価の原則

子どもを評価するときは、できるだけ「素《す》の状態」をつくり「素に近い姿」を評価対象とします。

授業中、ある子が発表しています。生き生きと自分の意見を述べています。さて、そのとき、あなたは何を見ているでしょうか。

合唱練習でのことです。ソプラノパートの響きが悪いので、ソプラノの子たちが声を出しています。他のパートの子は座って待っています。さて、そのとき、あなたの視線はどこに向けられているでしょうか。

授業中の発言者も合唱練習でのパート練習も、「いまやること」があります。そのいまやるべきことに集中しています。しかし、発言を聞いている子どもたち、ソプラノパートの練習が終わるのを待っている子どもたちは、特に「いまやること」があるわけではありません。どちらも「聞く」「見る」ということが求められているだけです。要するに、さぼろうと思えばさぼれるわけです。

別に遊び始めたりだらっとしたりすることだけが、さぼることではありません。「聞いている振り」「見ている振り」をしながら、心の中ではさぼっている。人間にはそんなことはたやすいことです。あなたにも経験があるはずです。停滞した会議中とか、おもしろくない講演を聞かされている初任者研修中とか（笑）。

教育活動の最中においては、発言している子よりもそれを聞いている子たち、パート練習している子よりもそれを聞いている子たちの方が「素」に近い状態になっています。そして、人は何かに集中しているときよりも、「素」に近いときの方がその本質が見えるのです。油断しているわけですから当然のことです。みなさんも覚えがあるのではないでしょうか。子どもたちは授業中の姿よりも休み時間の姿の方がその本質を顕《あらわ》します。授業中で得られる子ども理解よりも、休み時間に得られる子ども理解の方がずっと有益です。

教科における評価評定にばかり目が向いていると、子どもたちの授業中の姿ばかりを評価だと思ってしまいがちです。しかし、それは「評定資料」を集めているのであって、子どもを「評価」しているのではありません。「評価」とは、「子ども理解」のことであり、「評定」なんかとは比べ物にならない、もっともっと広い概念なのです。

授業時間が数分余ったとき、学活時間が数分余ったとき、「よし、休憩。教室内に限り立ち歩いていいよ」なんて言ってみてはどうでしょう。きっと、子どもたちの思わぬ姿が垣間見られるはずです。

9 一貫指導の原則

年度当初に決めて宣言した指導基準、活動の方法を年度途中に変更せず、一貫した基準・方法で指導し続けます。

「先生は学級通信を毎週発行します！」

四月、教師が高らかに宣言します。一学期は宣言通りに発行することができました。しかし、二学期になって、行事の忙しさに発行できない週が出てきます。「来週は二号出すからね」と心の中で子どもたちに謝って、その週を終えます。ところが次の週も大忙し。結局、二週連続で発行できませんでした。

「先生は毎回の席替えを、班長会と先生の相談で決めます！　だから班長になる人はリーダーとしての自覚と責任をもって取り組んでください」

やはり四月、教師が高らかに宣言します。ところが二学期も半ば、子どもたちが完全に学級に慣れてきた頃、「先生、たまに席替えをくじで決めてみない？」と言われます。あなたはそれに「うん、たまにはいいかもね」と応じます。

どちらもよく見る光景です。

こうしたことは、新年度が始まった四月、教師が張り切りすぎていることによって生じます。学級開きのときには、なんでもできるように思ってしまうのです。しかし、自らを過信してはいけません。私たちは機械ではありません。忙しすぎてくたくたなら休みたくなりますし、病気になれば欠勤せざるを得ないのです。学級通信が出せないことなんて、あるに決まっているのです。

そもそも、四月に調子こいて、なんでそんな宣言をしなくてはならないのでしょう。学級通信なんて、何も言わずただ粛々と発行すればよいのです。かえって、「先生も約束を破ることがある」「先生にもできないことがある」と子どもたちに教えているようなものです。マイナスの教育効果さえもちます。

席替えのルールを年度途中に変更してしまうことも同様です。これをすると、「四月に先生が決めたルールは変更可能なのだ」ということを子どもに教えることになりかねません。他のルールも変えられるのではないか、そう思われても不思議ではありません。学級を運営するルールは、一年間変えてはいけないのです。

何を「いじめ」と認定するか、どういう態度をとると「不遜態度」と認定されるか、何をすると生徒指導の対象となるか、こうした指導上の基準というものは、一年間絶対に揺るがしてはいけません。一貫して指導し続けることが大切なのです。

10 同一歩調の原則

教師集団は、各々の得手不得手をカバーし合いながら、同一基準で指導にあたります。教師集団は「共同性」を旨とします。

学級経営は、相対的に評価される。こう言って間違いないと思っています。

子どもたちはあなたを、「隣の先生と比べてどうか」と見ています。保護者はあなたを「お兄ちゃんの担任と比べてどうか」と評価しています。ポジティヴな評価であるにしてもネガティヴな評価であるにしても、必ず比べられています。そういうものなのです。

教師としては、目の前の子どもたちだけを見て指導しています。教師としては、目の前の子どもたちと自分との関係性にだけ注目しています。しかし、人間の評価というものはそのように「閉じられたもの」ではないのです。

世の中には「厳しい先生」と「甘い先生」とがいます。しかし、学年に3クラスあったとして、3人の担任がみんな「厳しい先生」だったとしたら、その先生は「普通の先生」です。3人とも甘ければ3人とも「普通の先生」です。2人が「普通の先生」なのに1人だけ厳格な指導をする、そのとき初めて「厳しい先生」が生まれるのです。2人が厳格なのに1人だけ「普通の先生」、そのとき初めて「甘い先生」が生まれるのです。

厳しさとか甘さとかというのは、本来的に教師に内在しているものではありません。あくまで相対的に評価されたときに「厳しい」とか「甘い」とかという〈ラベル〉がつけられるのです。

学年で「同一歩調」を取ろうと言われる所以がここにあります。

よく、「同一歩調を取る」という名目で学級通信の発行を止められたということが話題になります。通信ゼロの学級と毎日発行する学級とが隣り合わせている場合なら、多少の問題になるかもしれませんが、その程度のことなら問題が起こってから対処しても間に合います。

そんなことよりも大切なのは、指導の基準です。「いじりいじられ」という関係にどの程度厳しいのか。教師に対して敬語を使えという言葉遣いの指導にどの程度厳しいのか。子どもたち同士の言葉遣いはどう指導するのか。給食の完食指導にはどの程度の基準であたるのか。こうした言葉にしづらい指導基準が大切なのです。

教師集団が「共同性」をもってコミュニケーションを取り続ける。同一歩調を取るにはそれ以外に方法はありません。

学級開きの基礎技術

四月、今年も新しい学級を担任することになりました。

若手であろうとベテランであろうと、一年のはじまりには、決意を新たにするものです。そして、「どのような学級づくりをしようか」と真剣に考えるものです。

この時期、どんなベテラン教師も新しい学級に不安を覚え、と同時に新しい出会いに期待を抱きながら、新鮮な気持ちに包まれます。いかんともしがたい教師の性《さが》であり、教師の業《ごう》でもあります。

古くから学級経営は「最初が肝心」と言われます。かつては「教育技術の法則化運動」

が「黄金の三日間」を提唱しました。21世紀に入って間もなく、野中信行先生が「3・7・30の法則」を提唱されました。ここでは、それらの知見を活かしながら、「学級開き」において必要な技術を紹介していきます。基本的には学校の先輩教師から教えられる学校独自の学級開きルールに従いながらも、ここに書かれている学級開きの構えを意識しながら運営にあたる。そうした活用法が求められます。

詳細は拙著『【資料増補版】必ず成功する「学級開き」魔法の90日間システム』（明治図書・二〇一七年）を御参照いただければ幸いです。

学級開きの基礎技術

1 「3・7・30・90の法則」で目処をもつ
2 最初の3日間で子どもたちと心理的距離を縮める
3 最初の7日間で学級のルールをつくる
4 最初の30日間でルールを定着させ，システム化する
5 最初の90日で授業システムを定着させる
6 四月段階でレディネスを把握する
7 給食当番の役割分担を決める
8 遠いところから配る
9 清掃当番の役割分担を決める
10 常に「効率性」と「公平性」のバランスをとる

1 「3・7・30・90の法則」で目処をもつ

年度当初、新しい学級を担当するときは、教師としては、学級開きの段階から「いつまでに何をする」という目処をもつことが大切です。そこで、原則として「3・7・30・90の法則」をもって学級開きにあたります。

【最初の3日間】	子どもたちとの心理的距離を縮める
【最初の7日間】	教師主導で学級のルールを確立する
【最初の30日間】	教師の徹底した指導で学級のルールを定着させ、システム化する
【最初の90日間】	教科の全領域を視野に入れながら、また他の教科担任（小学校なら専科教員、中学校なら教科担任）と共働体制をつくりながら、授業システムを定着させる

ほぼ一学期いっぱいかかりますが、学級担任としては「いまはこういう時期」と常に意識しながら指導にあたれます。

2 最初の3日間で子どもたちと心理的距離を縮める

最初の3日間は、子どもたちとの心理的距離を縮めます。

「ああ、今年はこの先生と一年間過ごしていくのだな」

「今年も一年間やっていけそうだな」

子どもたちにそう思ってもらうための3日間、ということになります。

教師は常に笑顔で子どもたちに向かいます。安全を脅かすような危険を伴う事案でない限り、基本的に厳しい指導はしません。楽しく学級開きを行います。子どもたちの活動に対するリアクションは少し大袈裟にとるくらいがちょうどよいでしょう。

配付物が多いのもこの時期の特徴です。しかも、後日提出を伴う配付物ばかりです。「一時一事の原則」に従って一枚一枚確認し、重要なところにマーキングさせたり、締め切り日を朱書きさせたりします。背の順を決めたり、校舎巡りをしたりといったこともありますので、「具体作業の原則」も重要です。

休み時間は子どもたちの動きをよく観察して、誰と誰が一緒にいるか、一人ぼっちになっている子は誰か、そうしたことを把握して適宜声かけをすることも大切です。とにもかくにも、「全員を連れていく」という強い覚悟が必要な時期です。

3 最初の7日間で学級のルールをつくる

最初の7日間で、学級のルールを確立します。

基本的には教師主導です。日直の動き方や仕事内容、朝・帰り学活の内容、給食当番や掃除当番の動き方、集会への参加の仕方などなど、一つ一つ確認していきます。積極的な子から消極的な子まで、成績上位の子から成績下位の子まで、特別な支援を要するとされる子がいたとしても、学級の子どもたち全員が理解できるように確認します。

このとき、重要なのは、実際にやらせてみる、それができない場合でも教師がやって見せる、ということです。

例えば、給食当番の動きを確認するとき、「最後にふきんで配膳台をふきます」では、伝わりません。実際に教師が配膳台の角から丁寧に拭いて見せるのです。そのふきんをバケツで洗ってしぼる、そのふきんをどこにかけるのかまでやって見せるのです。できれば一人か二人指名して、やらせてみると場が盛り上がります。例えば、箒のかけ方ならば、教室の角から始めるとか、どのくらいの強さで回転帚をかけるのかとか、実際にやって見せます。

「全員が理解できるように確認する」とはそういうことなのです。

4 最初の30日間でルールを定着させ、システム化する

最初の30日間で決めたルールを定着させ、システム化します。「システム化」とは、子どもたちが「こうやらなくちゃ」「こうやるんだよね」と特に意識しなくてもできるようになる、そうした安定した状態を指します。

毎日子どもたちの動きを見ながら、「○○くん、よくできましたね」と褒めたり、「○○さん、それはどうするんだった？」と注意したりということを、子どもたちにルールが徹底するまで続けなくてはなりません。できない子には逐一指導することになります。教師が常に忙しく観察し続けなければなりませんが、この時期には必要なことです。

ある程度定着してきたら、「今日は先生が注意しない日にします。でも、ずーっとみんなのことを見ていますからね。先生に注意されなくてもどのくらいできるか試してみましょう。帰りの会で確認します」と言って、声かけをしない日をつくってみます。子どもたちは一日、意識しながら当番活動に取り組みます。

できたら大袈裟に褒め、できなかったところは「助け合えるとよかったね」「気づいた人が教えてあげるとよかったね」と学級集団であることを意識させていきます。ここまで来ると、学級はかなり安定してきます。

5 最初の90日で授業システムを定着させる

最初の90日間をかけて授業システムを確立します。

発言の仕方、話の聞き方、ノートの取り方、話し合いの仕方、メモの取り方、作文の書き方、端末の使い方等々、授業を受けるにあたって基礎的なことを確認するとともに定着させていきます。

それならば、90日間もかからないだろうと思われるかもしれません。

しかし、授業にはさまざまな形態があります。一般的には、教科書を使って新しいことを学ぶのが授業だと思われていますが、それだけではありません。補充学習としてドリルに取り組んだり、発展学習として答えのない課題に取り組んだり、作業を伴う実習的な授業もあるでしょう。これらはすべて、目的が異なります。

授業の目的が異なるということは、授業で何が得られればよいのかが異なる、ということです。その授業が新しいことを学んで、その学習事項を説明できるようになればいいというのと、課題について小集団で話し合い、自分なりの解釈がもてればいいというのとでは、子どもたちの動き方から思考の仕方までまったく違うのです。

こうしたさまざまな授業を経験し、その違いを理解するのに90日間が必要なのです。

6 四月段階でレディネスを把握する

教師の仕事の第一義は、「学力向上」です。

まず、学力の向上において何よりも大切なのは、学級開きから数日の段階で、子どもたちのレディネスを把握することです。これをせずに学級運営を進めていくと、テストの結果を見て、或いは評定がついて初めて、「この子、こんなにできなかったのか……」ということになりかねません。

特に、前年度までの漢字、九九、約分・通分など、基礎的なことが身についていないために学力がつかないという子どもたちが一定程度いるのが最近の学校です。このレディネス把握を怠ると、その後の指導が教師にも子どもにもきつくなっていきます。

特に「特別な支援を要する生徒」については、早めに把握しなければなりません。四月段階で子どもたちの現状を把握し、すぐに本人との面談を行い、必要とあらば保護者と連絡をとって面談を行う、そうした迅速な対応が必要です。

年度当初の学力テストなど、レディネス把握の手立てを学校体制で整えるのがよいのですが、そうしたシステムがない場合には、学級担任として独自に動きましょう。特に、国語と算数・数学は必須です。

7 給食当番の役割分担を決める

多くの先生は給食当番だけを決め、誰が何をするかという班内の役割分担は子どもたちに任せてしまっているようです。そういう学級を見ていると、いつも同じ女子が食缶から汁物をつぎ、いつも同じ子ばかりが楽なストロー配りをする、というような学級になっています。こうした不公平は役割分担表をつくれば解消されます。

私の場合、原則として次のようにしています。これを一日交替でまわしていきます。

A………配膳台用意 ↓ 皿盛りつけ ↓ 箸配付
B………配膳台用意 ↓ カップ盛りつけ
C………バケツ用意 ↓ 小皿盛りつけ ↓ フォーク・スプーン配付
D………牛乳配付 ↓ ストロー ↓ お盆
E・F…お盆 ↓ 配膳台整備 ↓ 配膳台運搬

必ずしもこの分担がよいというわけではありませんので、自分なりにアレンジしてほしいと思いますが、分担すること自体はとても大切なのです。

8 遠いところから配る

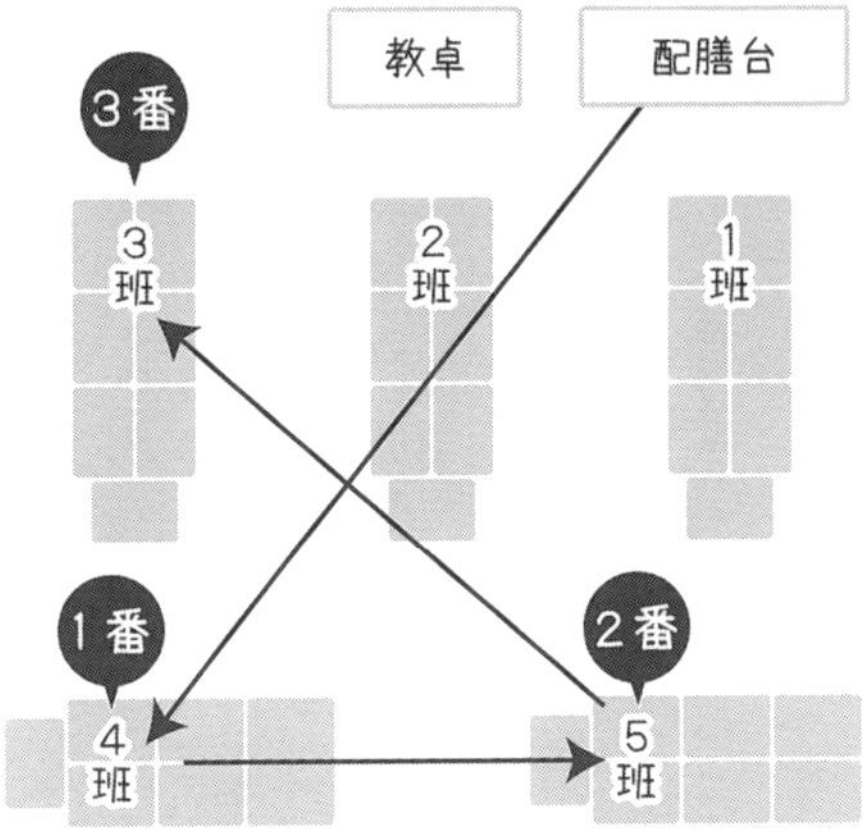

給食当番の配膳に時間がかかると、学級にかなり大きな影響を与えます。

そこで配膳時間が少しでも短縮できるようにと、配膳の手法にも工夫が必要になります。例えば、上の図のような隊形で給食を食べるとしましょう。そうすると、お盆係はまず4班、次に5班というように、配膳台から遠いところから配ると効率的です。なぜなら、1班や2班なら、盛りつけをしている子が直接手渡しで渡すことができるからです。ルールをつくっておかないと、子どもたちは近いところから配ろうとします。それが後半に配膳台をいっぱいにさせ、配膳時間を長引かせるのです

9 清掃当番の役割分担を決める

教室清掃の最後の仕事は、ゴミ箱のゴミを捨てにいくことです。みなさんは、これを子どもたちが押しつけ合っているのを見たことはないでしょうか。或いはそこまで行かなくても、子どもたちが誰がゴミを捨てに行くかを決めるためにじゃんけんをしている、そんな姿なら誰もが目にしたことがあるのではないでしょうか。

これも分担を決めれば解消されます。

A…………回転箒→チリトリ→箒掃除→ゴミ箱のゴミ捨て
B（2名）…窓開け→机上げ→椅子下ろし→机の水拭き
C…………水汲み→テレビ台拭き→棚拭き→水捨て
D…………黒板二箇所→チョーク受け→窓・カーテン→掃除用具箱整頓
E…………モップがけ→モップ掃除→掃除機かけ

これも必ずしもこの分担がよいと言っているわけではありません。自分なりに工夫して分担表をつくってください。

10 常に「効率性」と「公平性」のバランスをとる

よく役割分担を決めて、年中同じ子どもに同じ仕事をさせる教師を見かけます。

しかし、それはあまり感心しません。確かに黒板消しを得意とする子に黒板を任せれば気持ちよいくらいの、完璧にきれいな黒板になります。回転箒の使い方に習熟した子がチリ一つない床にしてくれることもあります。「効率性」だけを優先するなら、固定分担制が効率的です。

しかし、固定分担制は、根本的に学校教育として間違っています。

当番活動のような「やらなければならないこと」については、すべての子どもたちがすべての仕事を体験することにこそ意味があるのです。

清掃指導は決して、はき掃除のスペシャリストや黒板消しのスペシャリストをつくる営みではありません。毎回、役割分担を入れ替える等の措置をとり、「公平性」を担保するようにしましょう。

教師は学校生活のさまざまな場面において、常に「効率性」と「公平性」とのバランスを考えながら取り組んでいくことが必要です。それが子どもたちを民主的な社会の構成員として成長させていくのです。

生徒指導の基礎技術

「学級崩壊」という語が登場して、四半世紀が経とうとしています。

学級が崩れるということは、教師なら誰もが避けたい、それでいて常にその不安と背中合わせで過ごさなくてはならない、そういう教師の業みたいなものです。学級崩壊を避けるためには、日常的に「崩壊を予防する」という感覚が必要になります。ここでは「生徒指導の基礎技術」と題して、「学級崩壊」を〈予防〉するために教師が心がけねばならないことについて、一〇の視点で紹介していきます。

どれもすぐに身につくタイプの原則ではあ

りませんが、日常的に意識しながら子どもたちに接することはできるはずです。これを意識していれば、大きな失敗に陥ることも少なくなるはずです。少しは「学級崩壊」への恐怖を軽減することにつながるのではないか、そう考えて紹介しました。

読んでみて、もう少し詳しく知りたいと思われた方は、『小学校低学年　生活指導すきまスキル72』（堀裕嗣・宇野弘恵編著）、『小学校高学年　生活指導すきまスキル72』（堀裕嗣・大野睦仁編著）、『中学校　生徒指導すきまスキル72』（堀裕嗣・山下幸編著）を御参照ください。三冊すべて明治図書、二〇一七年です。

生徒指導の基礎技術

1. 生徒指導は予防を基本とする
2. 時間的にも空間的にも空白をつくらない
3. 子どもとの距離感覚を身につける
4. 自分なりの空気を醸成する
5. トラブルは起こるものと考える
6. 何よりもまず事実を確認する
7. 「心でっかち」にならない
8. 一貫した指導を心がける
9. チーム力による指導を心がける
10. 常に細かく記録をとる

1 生徒指導は予防を基本とする

四月、中学校では、生徒指導上の指導ラインの確認がなされます。スカート丈や頭髪はもちろん、名札を忘れてきた子にどのように対処するか、遅刻やチャイム席の基準をどうするかといった細かな基準の打ち合わせがなされます。中には鞄や上靴・外靴まで指定のもの以外認めないという学校さえあります。

私にも経験がありますが、新卒で赴任すると「なぜ、ここまで細かい規定をしなければならないのか」と感じてしまうものです。しかし、多くの先生方はちょっとした異装にしても数十秒の時間のズレにしても、それほど大きなことだと捉えているわけではありません。これから起こるであろう大きなことを〈予防〉するために、違反が小さいうちに対処しようとしているのです。

生徒指導・生活指導は〈予防〉を基本とする。

これはどれだけ強調しても強調しすぎるということのないほどの基本原理です。

もちろん、どれだけ〈予防〉しても〈予防し切れる〉などということはありません。しかし、この〈予防〉という感覚をもっているかどうかは、生徒指導の成否を決める、決定的な要素となります。

2 時間的にも空間的にも空白をつくらない

現在、どの小学校でも、担任は休み時間も教室にいることになっているのではないでしょうか。また、どの中学校でも、登下校時間や休憩時間、昼休みに、廊下や玄関、体育館等の巡視が割り当てられていることと思います。

こうしたいわゆる巡視体制の裏には、時間的にも空間的にも〈空白をつくらない〉という共通認識があります。もちろん、校内暴力の最盛期だった80年代のように怖そうな先生方が腕を組んで廊下に立っている……などということはありませんが、基本的には多くの先生方が巡視を大切に考えています。

目的は二つです。一つは〈監視〉によってトラブルを回避すること、もう一つは子どもたちと一緒にいる時間を多くしてコミュニケーションを図り、子どもとの〈人間関係〉をつくることです。ですから、現在は巡視といっても、先生方は子どもたちと談笑したり、じゃれあったりしているはずです。

近くに常に先生方がいることによって、子ども同士のトラブルは間違いなく少なくなります。また、何か起こったとしてもすぐに対処することができます。時間的にも空間的にも〈空白をつくらない〉ことは、トラブルを予防するための基本中の基本と言えます。

3 子どもとの距離感覚を身につける

若い先生は年齢が近いせいもあって、どうしても子どもたちとの心理的距離が近くなります。

教師と児童・生徒というよりは、どこか友達感覚になってしまうことも少なくありません。お互いに冗談を言い合ったり、いじりいじられる関係になったり、放課後には恋バナに花を咲かせたり……。子どもたちと楽しい時間を過ごせますし、子どもたちと年輩の先生方には真似できないような関係をつくることができます。半面、どこか馴れ合いの雰囲気にも陥ってしまい、子どもが指導を聞き入れてくれないといった場面も出てきます。誰もが通った道です。

反対に三十代後半あたりから、子どもの考えていることがわからなくなってくるという現象も起きてきます。子どもとの心理的距離が離れすぎてしまうのです。若いうちは子どもたちと少し距離を置こうと心がけ、四十前後になった頃から子どもたちに近づこうと心がける。それが、教師が子どもを指導するにあたっての距離感覚の原則と言えます。

昔から、子どもとの距離感覚を身につけたら教師は一人前と言われています。若いうちから、この距離感覚について意識するようにしましょう。

4 自分なりの空気を醸成する

みなさんの勤務校に、特別怖い先生でもないのに子どもたちと人間関係をつくり、生徒指導でも子どもたちがなぜか言うことを聞いてしまう……そんな先生はいないでしょうか。そういう先生が勤務校にいるなら、ぜひともその先生の一挙手一投足をよく観察してみることをお勧めします。

少し難しい言い方になりますが、そういう先生方に共通するのは、子どもたちに接するうえで〈言葉〉に頼りすぎるのではなく、〈空気〉を醸成しているところです。楽しい空気、安心していられる空気、しっとりとした空気、メリハリのある空気などなど、醸成している空気の質はさまざまですが、そういう先生は生徒指導においても、自分が醸成している〈空気〉にふさわしい言葉で子どもに語りかけているのです。

生徒指導は、「○○しなさい」という言葉だけで成立するのではありません。その先生の醸し出す〈空気〉が、さりげない言葉、あたりまえの言葉の説得力を高めているのです。〈味のある指導〉と評されるような指導をする教師は、この〈空気の醸成〉がうまい教師なのです。新任から数年後には、自他ともに認める自分なりの〈空気〉の醸成ができるよう、そのテキストとして先輩教師を観察するのです。

5 トラブルは起こるものと考える

誰しも経験のあることですが、初めて学級担任をもつと、まずは子どもたちの明るさや素直さに心が洗われるものです。こんな子どもたちと出会えてよかった、と。

ところが、一ヶ月が経ち、二ヶ月が経って子どもたちが学級に慣れてくると、小さなトラブルが頻発するようになります。時には一日に二件も三件も起こる日もあります。こうなると学級担任は大忙し。「なんだ、この子たちは」となってしまいます。

しかし、トラブルを起こさない子どもなどこの世の中にはただの一人も存在しません。子どもというものはトラブルを起こすものなのです。

自分が子どもだった頃のことを思い出してみましょう。自分はそんなに健全なことばかりが好きだったでしょうか。そんなことはないはずです。ちょっとしたいたずらをしてみたくなったり、大人にしか許されないことに興味を抱いたり、そんなことが日常だったのではないでしょうか。いま、目の前にいる子どもたちも同じなのです。トラブルは起こって当然なのだと心得ましょう。

忙しいときにトラブルが起こると、本当にいやになります。しかし、だからこそ、仕事は早め早めに取り組んでおかなくてはならないのです。

6 何よりもまず事実を確認する

授業中にある子の私語が気になったので注意したときのこと。「なんでオレだけ〜！みんなしゃべってるじゃん」なんて言われたことはないでしょうか。

生徒指導場面で説諭したときのこと。「どうしてボクだけ悪者にされるの」なんてことを言われたことはないでしょうか。

これは子どもというものの本質を表す言葉です。子どもたちが最も嫌うのは、自分だけが悪者にされること、そして、自分の言い分を聞いてもらえないことなのです。

例えば、Aさんから「Bくんにいじめられている」という訴えがあったとします。このとき、BくんがAさんをいじめたことが事実であると思い込んで指導にあたってはいないでしょうか。こうした場合、Bくんにも必ずBくんなりの言い分があるはずです。もしかしたら、先に悪口を言ったのはAさんの方だったかもしれません。これを確認しないままに指導にあたったとしたら、教師はBくんの信用を失ってしまうでしょう。

生徒指導においてまずしなければならないことは、〈起こった事実〉をしっかりと確認することなのです。事実が確認され、固まるまでは、どちらが良いどちらが悪いの判断は留保します。指導に入ってはいけないのです。

7 「心でっかち」にならない

「心でっかち」とは、すべての行動の原因を、心の有り様を要因として指導しようとする態度のことです。教師にはこの「心でっかち」が実に多いのです。

例えば、暴力事件があって、相手の子どもが怪我をしたとします。

こうしたときに、「何考えてるの！」「そんなこと許されると思ってんの！」「どうしてそんなことができるの。信じられない」といった指導言は、すべて「心でっかち」の指導言です。そうした暴力事件を起こした子どもたちだって、怪我をさせようとして怪我をさせたわけではないのです。ちょっとしたトラブルからカーッとなってしまい、あくまでも結果として怪我をさせることになってしまったのです。

まずは自分のやった〈行為〉についてよく認識させること、その〈行為〉を反省させること、そして、その〈行為〉の結果に責任を取らねばならないと納得させること、こういう順番になるはずです。

「心でっかち」は心の有り様に焦点化するために、どうしても冷静な対応をとらせず、いきなり断罪に向かう傾向があります。

常に意識しなければならないことの一つです。

8 一貫した指導を心がける

一貫した指導が大切ではない、などという教師はほとんどいないと思います。しかし、一貫した指導を意識しながら生徒指導に取り組んでいる教師は思いのほか少ないという現実があります。

教師は四月に張り切ります。年度が代わって新しい子どもたちと接し始めたときに張り切ってしまうのは教師の性です。ところが、張り切るのはよいのですが、たいして〈見通し〉ももたずに出来もしないことを口走ったり、やたらと厳しい生徒指導をしたりすることが見られます。それが一ヶ月経ち、二ヶ月経つうちに少しずつ怠惰になったりゆるくなったり……。そうした教師の態度は子どもから見れば「一貫性のない指導」に見えてしまいます。その結果、それが悪しき〈ヒドゥン・カリキュラム〉（２００頁参照）として機能してしまう、そういうことが少なくありません。

私は年度当初の四月から、今年の学級はここで勝負する、今年の学年はここで勝負する、と決めることにしています。そして、それを絶対に揺るがせない指導を徹底することにしています。

一貫した指導には、年度当初に〈見通し〉をもつという力量が必要なのです。

9 チーム力による指導を心がける

一人でできると思うから失敗する！

一人で抱えるな、みんなでやろう……。

この二つは、私が日常的に肝に銘じているフレーズです。

学年主任になると、他の先生方に対してもよく言います。一人でできることなど限られている、誰だってフィーリングの合う子・合わない子がいる、失敗したってみんなで謝ればいい、決して一人の責任にしない、こうした感覚が共有されていれば、生徒指導が少しくらいうまくいかなかったとしてもそれほど落ち込まずに済みます。

教師は担任学級をもつと、学級の子どもたちの問題行動はすべて自分の責任であるかのように感じてしまうものです。しかし、そんなことはありません。

第一章でも述べましたが、教師にはそれぞれキャラクターに応じた役割があり、それぞれの役割が有機的につながりを見せたとき、最も力を発揮できるものなのです。「餅は餅屋」の精神です。いま、生徒指導はチームであたる時代です。

同僚に心配をかけた。管理職に迷惑をかけた。そんなことを考える必要はありません。彼らが忙しいときに手伝ってあげればいいだけです。「お互い様」なのです。

10 常に細かく記録をとる

なかなか先生方の間で定着しないことが多いのですが、生徒指導ではマメに記録をとることがとても重要です。

第一に、一貫性のある指導をするのに役立つ、ということです。記録をとっておけば、事前の指導を踏まえて今回の指導にあたることができます。

第二に、記録は他の先生方と共有することができる、ということです。チームで生徒指導にあたるというときに、情報の共有が大切なことは言うまでもありません。

第三に、自分の身を守ることになる、ということです。記録をとっておけば、保護者からクレームが来たときに細かな説明ができます。何日の何時に保護者に電話をしたけれども留守だった、その後も三時間にわたって五回電話したけれども連絡がつかなかった、何月何日に何回目の家庭訪問でこういう約束事をした、こういう事実をしっかりと記録しておくことが大切です。こうした記録が保護者のクレーム回避につながったという事例を、私自身、何度も経験しています。

記録をとる、メモをとるということを苦手としている人もいるかもしれません。しかし、大切なことなので、なんとしても取り組まなくてはなりません。

事実確認の基礎技術

ここでは、実際に生徒指導事案が起こったときに必要な「事実確認」の基礎技術について紹介します。

生徒指導事案が発生したとき、第一に必要なことは、叱ることでも反省を促すことでもなく、「起こったことの事実」を細かく確認することです。何が起こったかが明らかにならないと、何を叱ればよいのか、何を反省すればよいのかもわからないからです。「起こったことの事実」を確認しないままに行われる生徒指導は、細かな部分で関係した子の認識が食い違い、それが保護者にも伝わり、深刻なクレームを招くということになりがちで

す。「事実確認」は生徒指導のキモなのです。

そのほとんどが複数の教師で対応する中学校の事例をもとに解説していますが、これはやらなければならないことを段階的に述べていくためであって、最後にも言っていますが、一人で行う場合にも同じ原則に従って「事実確認」を行います。その意味で、小学校教師も知っておくべき「事実確認の流れ」が解説されています。

詳細は拙著『生徒指導一〇の原理・一〇〇の原則』（学事出版・二〇一一年）を御参照ください。生徒指導に必要な考え方、技術の全体像が示されています。

事実確認の基礎技術

1　全体像がわかるまで指導に入らない
2　関係した子どもを分けて事情を聞く
3　思いや解釈を聞かない
4　時・場・人・言・動を確認する
5　話の合わないところを詰める
6　関係者全員の前で全体像を確認する
7　確認された全体像から判断して説諭する
8　全体像から解決の方針を固める
9　自己保身のための嘘を許さない
10　一人で対応する場合に応用する

1 全体像がわかるまで指導に入らない

「起こった事実を確認する」ということは、どういうことでしょうか。

それは起こった事実の〈全体像〉を把握するということです。従って、「事実を確認してから指導する」ということは、裏を返せば「全体像を把握するまでは指導に入ってはいけない」ということをも意味します。

教師と子どもとの関係が崩れていく一番の原因は、一方的に自分が悪いと決めつけられた……そう子どもが感じてしまうことです。

授業中に注意を受けた生徒が「みんなやってるじゃないか。なぜ自分だけ……」とぼやいたり、生徒指導において「なぜオレばかり悪者にされるんだ！」と抵抗をしたり、そうした子どもの姿をみなさんも何度も見たことがあるはずです。

年度当初、すべての生徒指導事案で〈全体像〉を明らかにするということを続けると、その後、子どもたちは「一方的に悪者にされることはない」と教師を信頼するようになります。一年間の生徒指導がものすごくやりやすくなります。

その意味で、四・五月は特に丁寧に事実を確認する必要があります。その一年間の成否を決めるほどに重要なことです。

2 関係した子どもを分けて事情を聞く

事実を確認する場合には、子どもと教師とが一対一で行うのが基本です。

例えば、AくんとBくんの喧嘩の事実確認、その場にいた目撃者が三人、という場合には、原則として事情を聞く教師が五人必要だということです。こういうことを考えても、学年団や職員室のチーム力が大切だということがわかります。特に、こうした段取りを職員全員が共通理解している、ということが不可欠になります。

子どもに限らず、人間は一般的に、自分から話が漏れたということが広まるのを嫌う傾向をもっています。従って、関係した子どもが複数いる場で事情を聞くと、どうしても正直に話すことに対して心理的な規制がかかってしまうものです。その子どもたちが素直じゃないとか不誠実であるとかいう理由ではなく、みんなの前で話すということ自体が話しづらいのです。それを避けるためにも、一対一で事情を聞くのが理にかなっていると言えます。

ただし、最近は、男性教師が高学年以上の女子と一対一になるのはリスクもあるので、気をつけた方がよいかもしれません。事情を聞くという場合には、どうしても開かれた空間でというわけにはいきません。それだけにリスクを伴うのです。

3 思いや解釈を聞かない

事実を確認することを目的として子どもから事情を聞く場合には、その子の思いや解釈を排除させることが必要です。

私の場合、「まず最初から、思いや解釈を入れずに、起こった事実だけを話してみて」ということにしています。

子どもたちは「ええと、Ａがオレが何にもしないのにいきなり殴ってきて、オレも殴られたから腹立って殴り返した」などと、思いや解釈を加えた言い方をしがちですが、教師はまず、こうした物言いを制止しなければなりません。

例えば、「いやいや、ちょっと待って。まず、Ａくんは何と言って殴ってきたの？」と聞き返します。子どもは「えっ？」という表情をしますが、「あのね、今のが事実だとすると、Ａくんは、何も言わずにいきなり殴ってくるモンスターみたいなヤツになっちゃうんだけど……」とたたみかけます。

こんなやりとりをしているうちに、子どもも少しずつ冷静になってきます。「そう言えば、『ふざけるなよぉ！』と言って殴ってきました」「何発？」「一発です」というように起こった事実が確認できるようになってきます。

4 時・場・人・言・動を確認する

【生徒指導メモ例】

4／3（月）15：30　於・相談室
斎藤　大（1－1）／堀　裕嗣

3／31	13：30頃	斎藤　煙草購入（学校近くのローソン）
	13：45頃	高村（1－2）合流　たんぽぽ公園へ
	14：00頃	たんぽぽ公園トイレ内で喫煙 斎藤２本　高村３本
	15：00頃	中村（1－3）合流　キャッチボール始まる
	15：30頃	斎藤休憩　トイレ内喫煙
	15：45頃	高村休憩　トイレ内喫煙 ※斎藤・高村の喫煙を中村は知らず
	16：30頃	中村帰路へ
	16：45頃	斎藤・高村打ち合わせ 斎藤「持って帰ったらやばくない？親に見つかるかも」 高村「俺の親なら大丈夫だけど」 斎藤「じゃあ，お前持ってく？」 高村「いや，俺別に吸いたいわけじゃないから」
	17：00頃	二人別れる
	17：10頃	斎藤　煙草をセブンイレブンのゴミ箱に捨てる　帰宅

起こった事実を確認するというとき、明らかにしなければならないのは五点です。即ち、〈時間〉〈場所〉〈人物〉〈台詞〉〈行動〉です。この五点を時系列で確認していきます。

例えば、事情を聞いている子どもの話から上のようなメモをつくることを目指します。この例は休日に喫煙をしたという場合の例です。

5 話の合わないところを詰める

子どもたちを分けて事情を聴いたとき、細かな違いを蔑ろにせず、徹底的に詰めることが必要です。

誰かが嘘をつくことによって得をしたというようなことがあってはいけないことはもちろん、何より人間の記憶というのは曖昧で、本人が勘違いをしていたり忘れてしまっていたりといったこともあるからです。事情を聞くという段階では、まだ子どもたちも冷静ではありません。話が合わないのはむしろ、普通のことなのです。

例えば、前頁の喫煙の例であれば、斉藤くんは午後二時頃に自分が二本、高村くんが三本の喫煙をしたと証言しているわけですが、高村くんは自分も斉藤くんも二本ずつだと証言するかもしれません。また、中村くんも斉藤くんが見ていないだけで、高村くんからもらって煙草を吸っていたかもしれません。こういう小さな事実をすべて詰めていくのだということです。

別室に分かれて事実確認をするときには、事情を聞く教師の間で、「では、30分後、4時に一度職員室に集まって証言を突き合わせましょう」といった確認をして、証言の合わないところ、矛盾するところを徹底して確認します。これを怠ってはなりません。

6 関係者全員の前で全体像を確認する

関係した子どもたちの証言に大きな矛盾がなくなったら、子どもたち全員を一カ所に集めて、起こった事実の〈全体像〉を確認します。一人の教師（多くの場合は生徒指導の先生）が子どもたち全員の証言から得られた〈全体像〉を時系列に読み上げていくことになります。

次のような感じで始めます。

「三人の証言を総合して、だいたい次のような事実があったと先生方は捉えています。これから読み上げていきますので、よく聞いてください。もしも事実と違っているというところがあったらあとで聞きますから、取り敢えず最後まで黙って聞いてくださいね」

こうした〈全体像〉の確認において、子どもから「そこは違う」と指摘されるというようなことはまず起こりません。起こったとすれば、それは前段階での事実確認が甘かったことを意味するとさえ言えます。

こうして関した子どもたち・指導にあたった教師全員に起こった事実の〈全体像〉が共有化されるのです。これが全員に共有化されることによって、初めて「判断を伴った〈指導〉」に入れるのです。

7 確認された全体像から判断して説諭する

関係した子全員と指導に関わった教師全員で〈全体像〉が共有化されたら、この時点で初めて、いわゆる「指導」に入ります。

生徒指導担当教諭が一人ひとりについて何が悪かったのか、どうすればよかったのかについて諭して聞かせることになります。ここで説諭するのは、できれば担任外の教師か、担任をもっているにしても関係の子の担任ではない教師が望ましいです。基本的に関係の子どもたち全員を客観的立場から見られる教師が担当するのが原則です。

ここでの説諭内容は基本的に、それぞれの子どもたちの行為がどのような結果を招いているかについて、一つ一つ語っていきます。

暴力行為があった場合には、たまたま大事に至らなかっただけで、その暴力行為が一歩間違えば後遺症を残すような場合があること、そうなったら暴力被害の子どもの本人及び保護者は、一生加害生徒を許さないであろうことなどを語って聞かせます。また、トラブルを誘発する発言をした子どもについては、そうした軽口がこのような重大な結果につながることがあることについて、ゆっくりと語っていくことになります。

全員が認めた事実に基づいた判断なので、誰からも文句は出ません。

8 全体像から解決の方針を固める

子どもたちが納得したら、最後に担任教師からゆっくりと話をしてもらいます。

ここで初めて心の在り方に踏み込んだ指導が可能となります。

この間に、生徒指導担当教諭は〈指導の全体像〉〈事実確認の内容と指導の経緯〉を生徒指導部及び管理職に報告するとともに、生徒指導部・管理職の意向を確認しておくことが大切です。

学級担任による関係した子どもたちへの説諭が終わり、指導に関わった教師全員で今後の保護者対応の方針を決定することになります。①最後の担任による説諭の状況の報告、②管理職の意向の報告、③関係した子どもたちの納得度合いの検討（納得度合いが低い場合には学級担任の説諭の場で明らかになる場合が多いので）、④保護者への連絡の必要性の確認、⑤保護者の来校或いは家庭訪問の必要性の検討、⑥保護者を交えての謝罪の場が必要か否かの検討、⑦公共物破損がからんでいる場合、弁償の必要性や管理職への謝罪の場の必要性の検討、等々がなされます。

場合によっては、生徒指導主事や管理職を交えて今後の方針を固め、各々がその方針に従って動くことになります。

9 自己保身のための嘘を許さない

〈事実確認〉の流れの中で、ある子どもが自己保身のために教師に嘘をついていたことが発覚する場合があります。自分は見ていない、やっていないと言い張ったり、少しでも罪を軽くしようと誤魔化したりしようとした場合です。

たいていの場合、他の子の証言からこれらの嘘は明らかになりますが、この〈自己保身のための嘘〉は絶対に放っておいてはいけません。他の子どもたちが担任による説諭に入った時点で、学級担任や生徒指導担当教諭とでかなり厳しく指導する必要があります。①嘘をつくことによって誤魔化そうとすることが事実確認を長引かせたこと、②他の子どもたちにも嘘をついているのではないかという問いただしを生じさせたこと、③今後同じことがあった場合にも信用できなくなること、などについて生徒指導担当教諭が厳しめに指導します。基本的には、学級担任を悪役にせず、この役割は生徒指導担当が担うべきでしょう。

こうした段階を経ておくことが、今後同じような事実確認があった場合に、その指導をスムーズにさせるのです。結局、一連の指導の中で、自己保身のために嘘をついたということが最も厳しく指導されることになるわけです。

10 一人で対応する場合に応用する

複数の教師で〈事実確認〉する例を挙げてきましたが、場合によっては複数の子どもたちに対して一人で対応しなければならない状況というのもあり得ます。小学校ではそれがほとんどでしょう。その場合には、一人で同じ機能が働くように、次のように進めます。

① 関係の子どもたちを一カ所に集めて横並びに座らせる。互いに話をすることを禁止する。

② 「今回の件を最初から最後まで見ていて、経緯を一番よく知っているのは誰か」と聞く。

③ その子が明らかになった時点で、「では、これからAくんに事の経緯をしゃべってもらいます。自分の覚えていることと違うということが出てきても、それはあとで聞きますから、取り敢えず最後まで黙って聞いてください」と指示する。

④ Aくんの証言を聞き、メモをとる。

⑤ メモを読み上げ、「事実と異なる点はありませんか」と他の子に聞いていく。

⑥ 他の子が挙げた矛盾点について一つ一つ全員に確認しながら、〈全体像〉を明らかにしていく。

保護者対応の基礎技術

若い教師は「保護者対応」を苦手としている教師が多いようです。自分よりも年上の人に対応するわけですから、無理もありません。最近は保護者クレームも格段に増えていると言われますし、そうした報道もたくさんあります。

しかし、保護者も人間です。しかも、世の中に子育てに自信満々の保護者など、ただの一人もいません。保護者もみんな、不安なのです。不安だからこそ、時にクレームの形で学校に問い合わせてくるのだとも言えます。

ここでは、保護者に寄り添いながらこちらの意図を確実に伝えていくための基礎的な技

術を紹介していきます。どれも基礎的なことばかりですが、どれも大切なことばかりです。保護者との人間関係を構築できれば、子どもたちとの関係も見違えるほどにうまくいくものです。

読んでみて、もう少し詳しく知りたいと思われた方は、『保護者対応すきまスキル70　小学校低学年編』（堀裕嗣・宇野弘恵編著）、『保護者対応すきまスキル70　小学校高学年編』（堀裕嗣・大野睦仁編著）、『保護者対応すきまスキル70　中学校編』（堀裕嗣・山下幸編著）を御参照ください。三冊すべて明治図書、二〇二〇年です。

保護者対応の基礎技術

1　まずは話を聞く
2　すぐに対応する
3　保護者に沿いながら俯瞰した話をする
4　全体の中での位置づけの話をする
5　責任転嫁・権限過少の印象を与えない
6　保護者のデータも蓄積する
7　「あずけてください」と言う
8　立場のある者が出ていく
9　学校側全員が同じ方針を語る
10　学級担任を悪役にしない

1 まずは話を聞く

私も長く教員をやっていますから、保護者のクレームを受けて深刻な問題になったという同僚をこれまで何人も見たことがあります。中には、その保護者クレームをきっかけに気持ちの糸が切れてしまい、休職せざるを得なかったという方もいらっしゃいました。

そうした教師に特有の特徴はプライドが高く、自分が責められることに耐えられずに、言い訳に走ったり反論したりしていたということです。「私だってちゃんとやってるんですよ」とか「お母さんがそんな風だから息子さんもそうなんじゃないですか」とか、そういう態度が余計に保護者の方を怒らせたり頑なにさせたりして、解決する問題も解決させなくしているといった印象でした。

実は、自信をもっている教師ほど、保護者に対しても自分は正しいと主張したくなるものです。しかし、保護者と正面から対峙すると摩擦係数が高くなるばかりです。まずは保護者の言い分をしっかりと聞いて、余裕をもって対応することが必要です。

多くの場合、教師側がじっくりと保護者の話を聞くという姿勢を示しただけで、深刻な問題にまでは発展しないものなのです。話を聞いているうちに、保護者が何に対して不安を抱いているのかがわかってくるものです。

2 すぐに対応する

学校でトラブルがあって、当該児童・生徒の保護者に電話連絡しなければならないということがあります。

こうした電話連絡は原則として、子どもが帰宅する前に電話連絡をした方がよい、と言えます。特に、いまひとつ子どもが指導に納得していないとか、ちょっと怒鳴りすぎたかなと思われるような指導があったとかいう場合には、保護者への第一報が子どもから入るか教師から入るかということが、深刻なクレームになるかならないかを分けることがよくあります。とにかく、第一報は教師が入れる、というのが原則です。

逆に、「帰り道、うちの子が○○くんに殴られたって言うんですよ」とか「うちの子がいじめられているみたいなんですよ」とかいった電話が、保護者からかかってくることもあります。

こうした場合にも、「すぐに対応します。○時頃までに経過をお電話いたします」と応えるのが原則です。対象の子が帰宅したあとだったり、夜遅かったりした場合でも、「明日の朝すぐに対応して、○時頃まではお電話いたします」と、保護者が見通しをもてる形で応えるのが原則です。

3 保護者に沿いながら俯瞰した話をする

どんな保護者も我が子のことを最優先で考えます。トラブルになった相手の子よりも我が子の方が悪いなんて考えません。

誰かと一緒に何かをして指導されれば、我が子はもう一人の子に誘われたのだと思います。保護者がこうした思考をするのは普通のことです。もっと言えば、当たり前のことです。それが親なのですから。

試しに、自分の両親を思い浮かべてみましょう。きっとあなたのご両親も同じだったはずです。教師はまず、こういう認識をもちましょう。

この認識をもったうえで、今回のトラブルを俯瞰した地点から説明するのです。ただ俯瞰した話をしてはいけません。あくまでも保護者の心情に沿いながら俯瞰した話をするのです。保護者の心情に沿うという感覚を教師がもっていたならば、例えば、起こった事実を説明するのにも、「ぼくも残念に感じたんですけれども」とか「残念ながら、○○くんが~したことは事実のようです」とか「本人もこの点は深く反省しているところなんですが」といった情意表現が教師の語りの中に自然に入ってきます。

保護者と接するうえで、これがとても大切なことです。

4 全体の中での位置づけの話をする

暴力行為や授業妨害を頻繁に行う子どもに対して、保護者を呼び、今後周りに迷惑をかけないとの約束をとりつけたり、一定期間の別室指導を提案したりするわけですが、こうした学校側の提案に保護者がなかなか納得しないということがよくあります。

こうしたやりとりは往々にして、学校側は生徒指導会議の末に出した結論をただ押し通そうとし、保護者の側は我が子が可愛そう、学校は我が子を排除しようとしているだけという印象をもっている、という場合が多いようです。

こうした段階に至る以前の、一回一回のトラブルで保護者と面談した際に、暴力を振るった相手の子どもとの問題だけでなく、その現場となった一般の子たちにどれだけの迷惑がかかったか、そのやりとりのために心ならずも自習とせざるを得なかった授業がどれだけあったか、一般の子の保護者からどのようなクレームが入っているか、といった全体像を示し続けることが重要です。

そのうえで本人のために何が必要なのかということを話し合う、という姿勢が必要なのです。この提示の順番を絶対に間違えてはいけません。保護者に「我が子」の視点だけでなく、「集団」の視点を抱かせることが必要なのです。

5 責任転嫁・権限過少の印象を与えない

例えば、担任している子どもに対して、学級担任としても納得できないような指導方針が学年や生徒指導部、管理職からなされたとします。例えば、他学年とのトラブル事案において、学年として納得できないような判断が生徒指導部や管理職からなされたとしましょう。こうした場合、子どもや保護者も納得できないという場合が多いものですから、学級担任や学年主任が矢面に立たされることがあり得ます。

このときに、「上に聞いてください」とか「僕の判断ではありません」とか「僕も納得できていません」といった言葉は厳禁です。

感情に任せてこういう言葉を吐けば、自分の気持ちは一時的にすっきりするかもしれませんが、生徒指導としては間違いなく混乱していきます。子ども・保護者に同情を示しながらも、「私もこれが妥当な判断だと思う」と伝えなければなりません。

逆に、「力が及ばなくてすみません」といったタイプの言葉も厳禁です。子ども・保護者から見れば、自分もまた、その判断を下した側の一人なのだという認識をしっかりともたなくてはなりません。

責任を転嫁することも権限がないと言うこともダメなのです。

6 保護者のデータも蓄積する

子どもとのやりとりばかりでなく、保護者とのやりとりもしっかりと記録をとっておくことが必要です。問題傾向生徒の保護者への電話連絡を記録にとっておくことはもちろんですが、一度でもネガティヴな対応をされたことのある保護者については、細かな情報を共有しておくことが必要です。

例えば、子どもが怪我をしたときに、保護者の職場に連絡を入れたとします。その際、「その程度のことで職場まで連絡しないでほしい」と言われたとしましょう。保護者連絡は必ずしも学級担任がするとは限りませんから、こうした情報は共有化されていることが望ましいということです。

とは言っても、こんな小さな情報を学年会議や職員会議で共有するということもできません。誰もが電話連絡するときに用いる電話番号簿（私の経験では、四月に集める家庭環境調査票である場合が多いように思います）に、職場の電話番号が書かれている横に「そんなこと（軽い怪我）で職場に電話してくるなと言われたことあり」と朱書きしておくのです。電話しようとしている先生はこれを見て、対策を講じたり管理職に相談したりするはずです。

7 「あずけてください」と言う

保護者からその場では応えられないような質問とかクレームが来ることがあります。自分自身がその件をよく把握していない、しかもその把握は一朝一夕にはいかない、そうした場合です。

私が学年主任をしていたときに、ある学級のある教科の授業が崩れているのではないかという指摘を保護者の方がされたことがありました。私はその時点で実態をしっかりとは把握していませんでした。

そこで、「大変申し訳ないのですが、正直に申しまして私どもはその実態を把握しておりません。明日から直ちに実態把握に努め、問題点を明らかにしたうえで対策を講じますので、この問題、私どもにあずけていただけないでしょうか。後日、タイミングを見て間違いなくご報告いたしますので」と応えました。例えば、こうした場合です。こういうときは余計な対策を言ってはいけないのです。

こうした応え方をすると、一週間から数週間程度の猶予を得ることができます。この期間でなんとか立て直しを図ります。もちろん、「あずけてください」と言ったからには、本気でその問題に取り組み、成果を挙げなければならないのは言うまでもありません。

8 立場のある者が出ていく

教員世界は昔から「鍋ぶた組織」と言われ、あまり校長とか教頭とかいった地位自体に敬意を払うという文化がありません。主幹とか教務主任とか学年主任といった役職はあっても、目に見えた上下関係は見られないのが一般的です。子ども一人ひとりのことを最もよく知り最も考えているのは学級担任である、という教員世界の現実がこのような感覚をつくり出しています。

しかし、それはあくまで職員室内部の感覚。主任にしろ主幹にしろ管理職にしろ、保護者から見ればこうした地位は間違いなく責任の重さ、立場が上位であることを表しています。従って、役職が高くなればなるほど、その言葉も重みをもちます。学級担任の段階で、生徒指導担当の段階で、保護者対応がいまひとつしっくりいかないという場合には、一人で悩まずに学年主任や生徒指導主事、管理職に相談して、一緒に対応してもらうようにしましょう。

逆に言えば、自分が将来、学年主任や生徒指導主事になった場合には、他の先生方のフォローもしなければならないという心構えをきちんともって、軽々しい言動は慎まなくてはならないということでもあります。

9 学校側全員が同じ方針を語る

教師という職業は若いうちから一国一城の主になれるまれな職業です。その分、一人で突っ走りやすい職業でもあります。

保護者対応にも同じ傾向が見られます。学級懇談会や個人面談、学級通信などを工夫することによって、学級担任として保護者からの信頼を得ることができます。保護者対応においても最前線にいるのは学級担任ですから、関係がうまくいっているときには一人で走っていたとしてもほとんど困ることはありません。

しかし、問題はひとたびつまずいて、うまくいかなくなったときです。一人で走っている学級担任が保護者対応でつまずくと、なかなか修復するのが容易ではありません。

実は保護者から見ると、最も信頼がおける学校というのは、学級担任・学年主任・生徒指導担当・管理職と、誰と話しても同じ方針が語られる学校です。「ああ、うちの子のことを学校全体でちゃんとみんなで見てくれているんだ」と安心できる学校です。こうした組織が同一歩調をとることによって与えられる安心感を軽視してはいけません。

よく職員室内の「報・連・相」が大切だと言われますが、それはこうした危機管理意識から生まれた言葉なのです。

10 学級担任を悪役にしない

これは学年主任や生徒指導担当になったときのことですが、生徒指導に組織的にあたるうえで「学級担任を悪役にせず、自分が悪役を買って出る」という心構えをもつことが必要です。特に大きな問題を起こす子どもとその保護者、クレーム頻度の高い保護者についてはこの方針を徹底する必要があります。

こうしたタイプの子ども・保護者と学級担任の関係がうまくいかなくなった場合、その学級に計り知れない悪影響を及ぼします。学級担任がその子や保護者に気を遣いすぎるために、無意識のうちに学級全体への指導が引き気味になってしまうのです。そういうスタンスが形成されてしまうと、みるみるうちに学級は崩れていきます。

私は学年主任や生徒指導主事、生徒指導担当教諭の最も大切な仕事はこれだと思っています。特に若い学級担任が問題傾向の子をもっている場合には、学年体制として、場合によっては学校体制として、明確にこの方針をもつ必要があります。

みなさんは若手教師の立場ですから、この方針を語るというわけにはいきません。しかし、こうした方針を理解しているベテラン教師や管理職は多いものです。お願いしてみる価値はあると思います。

授業の基礎技術

新任から数年間は、学級経営や生徒指導ばかりでなく、授業運営にも困るものです。私にも経験がありますが、毎日毎日知らない教材ばかりを授業しなくてはならないわけですから、日々の教材研究が間に合わないわけです。

しかし、指導書とにらめっこしながら、「明日の授業をどう流そうか」と考えているうちは、その忙しさから逃れることはできません。その意味で、ここでは、授業を運営していくための基本的な考え方について述べていきます。少し難しいと思われるかもしれませんし、自分にはできないと思われるものも

あるかもしれません。でも、これらをマスターしないことには、日々の授業運営はいつまで経ってもうまくいかないのです。その意味では、ここに紹介されていることは、「授業」というものの勘所ばかりです。

自分なりの授業観に支えられながら、日常の授業を進めていけるようになると、教師という職業は見違えるほどに楽しくなり、やりがいを覚えるようになります。そうした時期が来るものと信じて、授業改善に取り組んでほしいと考えています。

詳細は拙著『一斉授業一〇の原理・一〇〇の原則』（学事出版・二〇一二年）を御参照いただければ幸いです。

授業の基礎技術

1 ゴールイメージの原則
2 フレームワークの原則
3 メインターゲットの原則
4 ユニットプログラムの原則
5 ブリーフィング・マネジメントの原則
6 インストラクションの原則
7 スモール・ステップの原則
8 グループワークの原則
9 パーソナライズの原則
10 ポートフォリオの原則

1 ゴールイメージの原則

〈ゴールイメージ〉とは、「最終目標」を意識化することです。

「Twitter上で「明日の授業準備ができていない。どうしよう」という若手教師のTweet、特に新卒教師のTweetをよく見ます。おそらく、発問とかどんな活動をさせるのかとか、要するにその一時間をどう流すかということが決まっていない、ということなのだろうと想像します。場合によっては、使うワークシートをつくっていない、ということなのかもしれません。

しかし、授業というものは、一時間一時間が独立しているものではありません。まず、新しい教材に入る前に、その教材の〈ゴールイメージ〉をもつのです。つまり、その教材の指導計画の最後の一時間に何をするのかをイメージするのです。

ある課題で作文を書かせるのか、或いは習った単元のレポートを書かせるのか、それとも簡単な小テストを行うのか、そして、それらの作文やレポートはどんなものが出来上がれば良しとするのか、小テストはどんな問題で何点くらい取れれば良しとするのか、そんなことをイメージしてみるのです。

すると、そのために必要なことが見えてきます。例えば、その時間で書かせる作文には四つのポイントがある。だとしたら、四時間かけて、それぞれの時間に一つずつ、それらのポイントについて指導していけばよい、ということになります。四つのポイントのうち一つがかなり難しいというのであれば、そのポイントについてだけは二時間かけることにする。一時間目で教えて、二時間目に定着させる。そんな方針が決まります。

要するに、新しい教材に入る前に、全体の指導計画をおおまかに立ててしまうのです。すると、明日の国語はこのポイントに絞って指導すればいいのねということになります。これが、指導書を見ながらゼロから考えているのでは、どれだけ時間があっても足りなくなります。急な生徒指導でも入ったら悲劇です。

〈ゴールイメージ〉をもつことは、単元の〈ゴールイメージ〉ばかりでなく、その一時間の指導にも同じことが言えます。

今日の最後は、○○について各自が説明できればよい。そのために、ノートに説明を書いて、それを四人グループで発表し合う。そして、それぞれの説明についてそれぞれに修正意見を言い合って、各自修正する。そういうことにしよう。

今日の最後は、応用問題の「問三」に自力で取り組ませる。各自、できたら持っておいでと言って、全員の理解度を確認しよう。

こんな〈ゴールイメージ〉ができれば、その前にやることは決まるはずなのです。

2 フレームワークの原則

いわゆる「一斉授業」だからと言ってどれも教え込みであるとか、どれも講義形式であるとか、どれもスキル学習であるとか、そうした固定的なものではありません。

一斉授業にも〈目的〉によって〈フレーム〉があります。授業が上手とか下手とかいう〈質〉の話ではありません。あくまでも〈目的〉に応じた〈フレーム〉の違いです。

例えば、今日は新しいことを学ぶ「習得」の授業なのか、今日は昨日習ったことをもとにして練習問題に取り組む「活用」の授業なのか、それとも今日は昨日まで習ったことをもとに自分自身で課題に取り組む「探究」の授業なのか、こういうことを教師が意識する。これが授業の〈フレーム〉を意識するということです。

新しいことを学ぶ授業であれば、基本的には講義形式に近い授業になりますから、子どもたちの興味を引きつける「ネタ」が必要になります。定着を図る授業であれば、昨日とは違う練習問題や別教材が必要になります。子どもたちのそれぞれが課題を追究するタイプの発展学習なら、それぞれの課題をつくったり調べたりする手立てが必要になります。〈フレーム〉が理解されれば、準備しなくてはならないものも決まってくるのです。

もう一つ、授業には「演繹的な指導」と「帰納的な指導」とがあります。

「演繹的な指導」とは、先に指導事項を教えて、その後子どもたちにやらせてみる、という流れの授業です。これこれはこういう理由でこうやるんだよと教えて、じゃあやってみて、という流れの授業です。

「帰納的な指導」とは、まず子どもたちに活動させてみて、その体験からどうすればよいか、どうすればよかったかを振り返らせ、そこから原理を抽出することで指導事項とする流れの授業です。さあ、日常的にやっていることだろうからできるよね、まずはやってみようと取り組ませてみて、さてみんなうまくいったわけだけど、どんな考え方とかどんなやり方をしたから成功した？　その原理をまとめてみよう、という流れの授業です。

「演繹的な指導」と「帰納的な指導」とでは、「帰納的な指導」の方が高度です。同じ算数の問題でも、「こう解くんだよ、じゃあこの問題やってみて」と言うのと、「まず解いてごらん、みんな解けたね、答えは合っている、でもどの解き方が一番効率的かな？」と問うのとでは、後者が授業として高度なのはおわかりでしょう。しかし、大切なのは、「演繹的な指導」より「帰納的な指導」の方が一般に子どもたちへの定着率が高い、ということです。

若いうちは「演繹的な指導」ばかりになりがちですが、力量形成のためには、少しずつ「帰納的な指導」を意識的に増やしていくことをお勧めします。

3 メインターゲットの原則

少しだけ本書を読むのをやめて、あなたが今日やった授業を想い出してみましょう。今日が休日だというのならば、昨日の授業でも一昨日の授業でも構いません。とにかく最近行った具体的な一時間の授業を思い浮かべてほしいのです。

そして、考えてみてください。

「その授業の指導事項は何ですか？」

あなたが教材名で答えたとしたら、それは指導事項に対する意識がないということです。例えば、「こんぎつね」の三の場面、なんていう答え方がそれにあたります。

あなたがいくつもの指導事項を挙げたとすれば、それは指導事項が散漫であり、おそらく授業も散漫だったということを意味しています。漢字をやって、音読をやって、短い感想文を書いた、なんていう答えがそれにあたります。

あなたが指導事項を一つだけ明快に答えられたとしたら、本節を読む必要はないかもしれません。あとはその指導事項をどれだけ具体的に答えられたかということだけが、あなたが今後追究すべき「指導事項意識」になると思います。

教師は一時間一時間の授業において、「今日の指導事項はこれだ。これだけは子どもたち全員に理解させ、取り組ませ、定着させるのだ」という明確な意識をもって臨むべきです。このように一時間の指導事項を具体化することを、私はその授業の〈メインターゲット〉と呼んでいます。

指導事項を明確に意識できるようになるためには、指導事項の質、指導事項の定着の在り方を具体的に想定しておく、ということが必要です。

「知る→使ってみる→できるようになる」という一般的な上達論が適用できる指導事項もありますし、「やってみる→やり慣れる→いつのまにか力がついている」という指導事項もあります。漢字や計算といった基礎学力の多くは前者ですし、音読・話し合い・グラフのつくり方などといった作業型・活動型学習には後者が多いのが特徴です。

中には、「考える→別の機会に考える→更に別の機会に考える→少しずつ認知構造が出来上がる（世界観が広がる）」といったタイプの指導事項も決して少なくありません。国語や社会、道徳などは明らかにこういうことをねらった教科です。

今日の〈メインターゲット〉は何なのか、それはいつのどの授業とどのようにつながっているのか、そういうことを意識できるようになったとき、教師は一人前になります。それを目指して、まずはその一時間の〈メインターゲット〉を決めるのです。

4 ユニットプログラムの原則

授業が幾つかのユニットに分かれている。

21世紀に入って、そうした授業の在り方が数多くの現場教師から提案されるようになりました。子どもたちが45～50分の一単位の授業時間に対して、集中力を持続させるのが難しくなってきているという現状認識のもと、現代的な子どもたちに対応する方法として現場教師が編み出した授業スタイルです。一般に〈ユニット型授業〉と呼ばれています。〈ユニット型授業〉は、相互に直接的には関係していない授業パーツを幾つか組み合わせる〈オムニバス型授業〉と、一つの指導内容を学習活動や思考形態の差を意図的につけることによってユニットを形成していく〈ユニットプログラム型授業〉とに分かれます。

例えば、国語であれば、前者は①漢字5分→②発声練習3分→③ペア・ディスカッション7分→④教科書の音読10分→⑤グループ・ディスカッション10分→⑥作文技術5分→⑦作文10分のように、一時間の授業パーツがそれぞれ独立しているような授業形態です。毎時間、同様の授業形態をとることによって、〈モジュール学習〉のように一定の期間で学力を形成していくことを目指します。

これに対して後者は、一単位時間の課題は基本的には一つで、従来の授業の在り方に近いのですが、学習活動が細分化されているというタイプの授業です。例えば、①音読5分→②課題設定5分→③課題解決方法の解説10分→④個人解決5分→⑤グループ・ディスカッション10分→⑥シェアリング5分→⑦課題解決作文10分のような授業形態です。学習活動としては一つ一つのユニットに分かれているのですが、一単位時間の指導内容としては一貫性がある、そういった授業形態です。

いずれを採用するかはそれぞれの教師の教育観や授業観、児童・生徒観によるというのが現実です。しかし、このような〈ユニット型授業〉の意識をもたないことには、現代の子どもたちには対応しづらいということだけは確かです。

私は後者を採用しているのですが、こうした一貫性のある指導内容を学習活動として細分化しながら、一時間全体としては子どもの思考過程を広げたり深めたりしていくことを目指す、こうした授業のつくり方を〈ユニットプログラム〉の原則と呼んでいます。

〈ユニットプログラム〉を構成するには、学習活動を大胆に変えることが必要です。一単位時間を貫く課題は基本的には一つですから、〈オムニバス型授業〉に比べて子どもたちの集中力は持続しにくい傾向があります。ですから、学習活動をいくつも取り入れて、課題への取り組み方に差をつけていくのです。

若い教師にも取り組みやすい授業形態だと思います。

5 ブリーフィング・マネジメントの原則

古くから教師の指導言の王道は〈発問〉だと言われてきました。よい〈発問〉をつくることが教材研究の王道であり、よい〈発問〉さえつくれば授業は自ずから機能する、そう主張されてきたわけです。世に〈発問研究〉の本は溢れていますし、有名な実践家の優れた〈発問〉もずいぶんと追試されてきました。しかし、私はこの発想が基本的に間違っていると思っています。

教師の指導言には〈発問〉と〈指示〉と〈説明〉の三つがあります（『授業つくり上達法』大西忠治・民衆社・一九八七年四月）。みなさんはこの三つのうち、教師の指導言として、どれが最も大切だと感じるでしょうか。

こう考えてみましょう。〈発問〉や〈指示〉のない授業は想像できますが、〈説明〉のない授業は想像できないのではないでしょうか。授業において最も大切なのは、〈発問〉でも〈指示〉でもなく、〈説明〉なのです。

研究授業を参観したときに、教師の発問が子どもたちに伝わらず、教室全体が首をかしげているのを目にすることがあります。それに気づいた教師が何度も言い直しをするのですが、なんとなくしっくりしないまま授業が進んでいきます。

こういうことは、例えば、「どちらがふさわしいと思いますか」と発問したときに、その「どちら」の対象となっているAとBとが子どもたちに把握されていないために、授業に混乱を来しているというような場合に起こるのです。

この場合、混乱の原因は「どちらがふさわしいと思いますか」という〈発問〉の文言にあるのではありません。そうではなく、この〈発問〉をする前段階の指導言、つまりこの〈発問〉の前提となっているAとBとを理解させるための〈説明〉が不的確であったために、子どもたちに選択肢が理解されていないのです。

子どもたちが何を聞かれているのかわからないという表情をするとき、多くの場合、それは前提となっている事柄の共通理解が図られていないことに要因があります。教師は〈発問〉ではなく、あくまでその前提となる〈説明〉をし直しているわけです。

私はこうした〈説明〉〈指示〉〈発問〉といった指導言の機能性を操作することを〈ブリーフィング・マネジメント〉と呼んでいます。〈ブリーフィング〉とは「これから発生する事象について、事前に意識合わせをすること」を指しますが、この〈意識の共有化〉〈前提の共通理解〉をどのようにつくっていくかが、授業ではとても大切になります。これを意識しない授業、この意識の甘い授業は、まず間違いなく「授業がにごる」という状態に陥ります。

6 インストラクションの原則

「なぜ、勉強しなければならないの？」と子どもに聞かれて、困ったことはないでしょうか。

教職に就いている者にとって、勉強することはあまりにも当然のことです。そのせいか、多くの教師が授業で〈学習趣意〉を語らないという悪弊に陥っています。なぜこの学習をするのか、この学習をすることにどんな価値があるのか、どのように学習すると効果的なのか、そうしたことを教師があまり語らないのです。

しかし、授業において教師が〈学習趣意〉を語り、授業の〈目的〉を明確にすると、子どもたちは見違えるほどに授業に集中して取り組むものなのです。自分に置き換えて考えてみればわかることです。私たちだってそうではありませんか。〈目的〉も〈価値〉もわからずに、ただこの仕事をやれと命じられて、果たして意欲的に取り組むことができるでしょうか。

教師は授業において、「〈学習趣意〉の明確化」を怠ってはならないのです。この〈学習趣意〉を明確化することを〈インストラクション〉と言います。

〈インストラクション〉において大切なのは、次の六つです。

(1) 学習事項の価値
(2) 授業のフレーム
(3) 到達すべき目標
(4) 目標到達への方法
(5) 方法の価値
(6) 子どもたちへの励まし

要するに、①この学習は何のためにあるのか、②今日は習得的な学習なのか、活用的な学習なのか、補充的な学習なのか、発展的な学習なのか、③今日は何ができるようになれば目標を達成したと言えるのか、④どういう方法でその目標に向かうのか、⑤その方法は今後、どのように役立つのか、⑥頑張ればみんなできるから、自信をもって取り組んでほしい、この六つを手を変え品を変えて語り続けるわけです。

若い教師にはなかなか難しいことかもしれません。しかし、子どもたちに語っているうちに、自分の頭の中で整理されてくるということも起こります。意識して取り組んでほしいと考えています。

7 スモール・ステップの原則

〈スモール・ステップ〉という語をご存知ないという読者はさすがにいらっしゃらないと思います。そのくらい〈スモール・ステップ〉は、学校教育において主要な指導原理であると言えます。大学の講義でも研究会の講座でも盛んに主張されます。

〈スモール・ステップ〉というと、指導事項の階段を一段一段昇らせていくようなイメージばかりがありますが、決してそれだけではありません。

一つは「指導事項の細分化」です。小さな到達目標、ちょっと先の到達目標を「よーし、これが終わったから次はこれだ」と次々に出していくイメージの〈スモール・ステップ〉です。これは理解されやすいと思います。

もう一つ、「学習活動の細分化」は、「先生に目先を変えられて別の道を歩いていたはずなのに、気がついてみたら本筋にも戻っていた」というようなイメージの〈スモール・ステップ〉です。

例えば、ある文章の暗唱に取り組むとしましょう。まず最初の三行程度を暗唱した後、その後は「音読合戦」に取り組みます。二人ひと組になって、「一度も読み間違わず、詰まらず、噛まず、咳もくしゃみもダメ」と言って、どこまで読めるかを競い合うのです。

5、6人の子と対戦している間に、ほとんどの子が暗唱してしまいます。そこで暗唱テストをやってみるのです。

前者が一本道の〈スモール・ステップ〉だとすれば、後者は少し広がりのある〈スモール・ステップ〉と言えるかもしれません。どちらが良い悪いではなく、双方ともに使いこなせるようになる必要があります。

子どもたちに「自分にもちょっと頑張ればできそうだ」と思わせることは、〈学習意欲〉の喚起に不可欠です。

しかし、学習意欲には二つがあります。一つは「初発の意欲を喚起すること」、もう一つは「喚起された意欲を持続させること」です。

〈学習意欲〉と言うと、液体窒素で凍らせたテニスボールを床に投げつけて割って見せるとか、難しそうに見える計算問題をまるでマジックのように瞬時に解いてみせるといった、「初発の動機づけ」ばかりが話題に上ります。しかし、教師は、その喚起された意欲に適宜小さな刺激を与え続け、その意欲を「持続させる」ということにも目を向けなくてはならないのです。

「初発の意欲を喚起すること」と「喚起された意欲を持続させること」、〈スモール・ステップ〉は後者の〈意欲喚起〉のために有効なのです。

8　グループワークの原則

一般にどの教科の教師も、授業が講義中心、教師の説明中心でよいとは考えていないはずです。その証拠に、秋の研究授業になると教科を問わず子どもたちの交流によって課題を解決していく授業ばかりが公開されます。

しかし、多くの研究授業は、日常的に交流学習に取り組んでいないものですから、それがうまく機能しない、いうことになりがちです。

もしもあなたが、最終的には子どもたち同士の交流・協同によって課題解決を図るような授業を展開していきたいと考えているならば、それは四月からの計画的な指導が必要になります。具体的には、すべての授業で小集団による交流を仕組むことです。

四月から毎時間、よほどのことがない限り、例外はつくらない。その決意と覚悟が必要です。これを私は〈グループワーク〉の原則と呼んで、現代の子どもたちを授業に集中させるのに必須の原理だと考えています。

ただし、毎時間の〈グループワーク〉はそれほど長い時間でなくて構いません。私の場合、すべての授業で8分以上の小集団交流を設定するということを自分に課しています。言うまでもないことですが、重要なことなので再度確認すると、「8分以上」ですから、要するに「最低8分」です。

私の授業は長年、基本的には、①課題の設定→②知識・技術の解説→③ペアによる確認→④個人による課題への取り組み→⑤グループワーク→⑥課題解決短作文という流れをとっています。原則として授業の最後に5分間程度の短作文を入れる、授業の途中に10分程度の小集団交流を入れることにしています。この二点を自分に課しただけで授業は劇的に変わらざるを得ません。

第一に、作文を書いたり小集団交流をさせたりするということは、作文を書くに値する、小集団で交流させるに値する中心課題がすべての授業に必要になる、ということを意味します。授業づくりにおいてこの効果は軽視できません。

第二に、作文を書かせたり小集団交流をさせたりするということは、もうそれだけで45～50分の授業時間のうちの20分近くが費やされてしまうということです。そうしますと、教師が進める一斉指導場面の時間を必然的に短くせざるを得ないということです。つまりは、教師の出番を極力少なくしなくてはならなくなるわけです。

逆に言うと、何を話し合わせ、何を書かせるかを決めれば、教材研究が終わるということでもあります。

すべての授業に〈グループワーク〉を。みなさんにもお勧めします。

9 パーソナライズの原則

「協同学習」が大流行しています。「ファシリテーション」も大流行しています。「ワークショップ型授業」の多くは協同的な〈学び〉の保障を目指しています。「シェアリング」や「リフレクション」による振り返りも協同で行うことが多いようです。どれも子どもたちの〈学び〉を大きく機能させます。

私も基本的にこれらの動きをよいことだと思っています。

しかし、一つだけ確認しておきたいことがあります。それは〈学び〉というものが最終的には〈個人〉のものである、ということです。その意味で、〈グループワーク〉にしても体験活動的な〈ワークショップ〉にしても、最終的には、子どもたち個人個人に自分自身の〈学び〉を確認させることが大切です。

私はこれを〈パーソナライズ〉の原則と呼んでいます。

〈パーソナライズ〉とは、その一時間の〈学び〉を子どもたち一人ひとりに自覚させることです。その一時間の指導事項が〈知識〉である場合には簡単な「たしかめテスト」を行う。その一時間の指導事項が〈技術〉である場合には実際にその〈技術〉を使ってみる。そうすることによって子どもたち一人ひとりがその一時間の自分自身の〈学び〉を自覚化できる。ごくごく簡単に言えば、授業の最後にそういう機会を設けることです。

しかし、子どもたちが〈学び〉を自覚するのに最もよい方法は、やはり〈作文〉だと言えるでしょう。その一時間の課題に対して自分自身がどう考えたのかを作文に書く、或いはその一時間の自分自身の〈学び〉を作文として表現してみる、それが王道です。

それほど長い作文である必要はありません。小学校中学年で百字程度、高学年から中学生にかけてが二百字程度、私はそのくらいが目処であると考えています。それ以上になると、時間がかかりすぎてしまいます。最後の〈パーソナライズ作文〉が授業時間を浸食しすぎるのはいただけません。

〈パーソナライズ〉を目的とした作文には次のような留意点があります。

(1) 毎時間の授業の最後に〈システム〉として位置づける
(2) 規模（字数）を決める
(3) ノート指導と連動させる（ノートに貼ったりファイリングしたり）
(4) 作文技術の課題を与える（頭括法で書くとかナンバリングを使うとか）
(5) 抽象化より具体化を奨励する（あくまで自分の学びを具体的に）

10 ポートフォリオの原則

「あなたを支えているものは何ですか?」

仕事に行き詰まったとき、何か辛いことがあったとき、あなたを支えているかけがえのないものはなんですか？　家族でしょうか。恋愛でしょうか。かつての部活動での体験でしょうか。それとも、これまでも幾度となく辛いことを乗り越えてきたという経験でしょうか。胸に手をあてて考えてみてください。

あなたを支えているものとして、具体的に何が浮かんできたにせよ、あなたを支えているものは他ならぬ〈あなたの物語〉であるはずです。あのときああだったじゃないか。このときはこうだった。誰がいなくても私にはこの人がいる。そう。人の人生を支えているのはその人自身の〈物語〉なのです。

もう少し突っ込んで考えてみましょう。では、その他ならぬ〈あなた自身の物語〉は、いったいあなたの何の〈物語〉でしょうか。私は断言します。それは、あなたの「〈学び〉の物語」であり、「〈成長〉の物語」なのです。自分を支えているのが家族であろうと友人であろうと恋愛対象であろうと、あなたはそこに「人間関係とは何か」とか、「無償の愛とは何か」とか、「誰かのために生きる喜び」とか、そうしたものを学び、成長を遂げたのです。部活動で得た「努力の大切さ」とか「チームワークの大切さ」も、かつて大切な学級と出会って教職の喜びを知ったことも、執拗な保護者クレームに耐え続けた苦しい日々も、みんなあなたの中に「〈学び〉の物語」や「〈成長〉の物語」をつくってくれたのです。

学校教育とは、子どもたちが「〈学び〉の物語」や「〈成長〉の物語」をつくり上げていくことに寄与する営みです。授業もその大事な要素の一つです。

私は授業の究極の目標は、「〈学び〉の物語化」「〈成長過程〉の物語化」のモデルを示すことにあると考えています。これまでの〈学び〉を振り返ることは、〈現在〉を〈過去〉との関連で見つめ直してみることです。

できればひと月に一度、せめて学期に一度くらいは、〈パーソナライズ作文〉のすべてに目を通させ、自らの〈学び〉を振り返らせるべきです。そして、自分がその間にどのように成長したのかを自覚させ、表現させるのです。これを〈ポートフォリオ〉の原則と言います。

「ああ、僕はこんなことができるようになったんだなあ」「ああ、私はこんなに成長したのだなあ」という〈リフレクション〉に取り組ませることは、みなさんが苦労している「主体的に学習に取り組む態度」の評価にも使えるはずです。

指導言の基礎技術

古くから、授業づくりのキモは「発問」だと言われてきました。しかし、教師の発する言葉には、「説明」「指示」「発問」の三種類があります。これは前節で述べた通りです。概ね、次のように考えるのがよいと考えています。

【説明】
授業のフレームをつくったり、〈指示〉や〈発問〉の前提をつくったりする指導言
【指示】
子どもたちの行動に働きかけるため

の指導言
【発問】　子どもたちの思考に働きかけるための指導言

ここでは、この三つをどう使い分けるのか、また、それぞれのポイントは何かについて述べていきます。

詳細は拙著『国語科授業づくり一〇の原理・一〇〇の言語技術　義務教育で培う国語学力』（明治図書・二〇一六年）を御参照いただければ幸いです。国語の本ではありますが、指導言の参考になると思います。

指導言の基礎技術

1　丁寧語を基本とする
2　ノイズを取り除く
3　説明の命は具体例である
4　指示の命は規模である
5　発問の命は子どもたちの分化である
6　事象の説明の命は見える化である
7　方法の説明の命は見通しである
8　事前に想定されるミスを伝える
9　指導言には攻めと受けがある
10　間も指導言である

1 丁寧語を基本とする

必ずしも教師の指導言を丁寧語にすべきだと主張するつもりはありません。「〜しなさい」「〜なんだよ」という常体の指導言がしっくり来るという教師もいるでしょう。しかし、例えば、私が若い教師に指導言の在り方を聞かれたとしたら、やはり丁寧語を用いることを勧めます。

丁寧語でしゃべり出すと、人はたいていの場合、常体で話すよりも落ち着いたトーンで話し始めるものです。要するに、ゆっくりしゃべるようになるわけですね。それが子どもたちにとって聞きやすいスピードになることが多いのです。

また、丁寧語は、個人に対して語りかけるのではなく、全体に対して語りかけているという印象を与えます。コンテクスト（教師と子どもとの日常的な関係性）に関係なく、パブリックな場という意識を醸成しやすいのです。

更には、授業で丁寧語を使うことが日常会話と一線を画すので、日常会話によく見られる一文がやたら長いという状態に陥りにくくする、という利点もあります。

子どもの聞きやすさにも、自分の力量形成にも、私は丁寧語の指導言がよいと思っています。

2 ノイズを取り除く

「ええと…」「あのう…」といった無意味な感動詞的挿入言。

「〜ですね」「〜でさあ」と繰り返される口癖となった終助詞。

「はい！　それではですね、はい、やってみますよ」「うん。そういうことなんだ。うん」など、子どもたちにというよりは自分に向けて言っている「はい」や「うん」。

「無くて七癖」と言いますが、教師の指導言には実に多くの癖があるものです。これらがノイズとして耳障りな指導言にしています。

正直に言いますと、こうしたノイズに対して、多くの子どもたちは最初こそ気にしているものの、一、二週間もすれば慣れてしまうものです。その意味では、授業の機能度にはそれほどの影響がないというのが現実です。

しかし、だからと言って放っておいてよいというものでもないでしょう。保護者への授業公開や研究授業だってありますし、何より年度当初、子どもたちの出会いにおいて子どもたちに「聞きづらい」という思いを抱かせているのですから。特別な支援を要する子には、慣れることができないという子もいます。

一度、自分の指導言を録音してチェックしてみることをお勧めします。

3 説明の命は具体例である

何かを説明しようとする場合、子どもたちにその説明を理解させるか否かの決定的な要素は、具体例があるか否かです。その意味で、教師は授業で何かを説明するというとき、常に具体例を用意しておく必要があります。しかも、複数の具体例、できれば三つ以上の具体例を用意しておくのが理想です。

具体例は、①実際に教室内で実演できる事例、②子どもの日常の生活経験を想起させる事例、③これをすればこうなるだろうと実感できるような、同質の因果関係をもつ事例、④一見異なるもののように見える二つ以上の事象が同じ構造をもっているという事例、という四種類があり得ます。説明すべき内容がその場にある日常の学校生活上のものであれば①を、学校生活にはないけれど子どもたちの経験の中にあり得るものであれば②を、子どもたちが経験したことのない抽象的な事象の説明なら③や④を用います。

①なら一度見せれば事足りますが、②は必ず複数の事例を、③④はできるだけ多くの事例を取り上げて、念を押す必要があります。

こうした具体例を豊富にもつには、子どもを観察してエピソードを収集しておく、本や映像番組などでおもしろいと思ったものを収集しておくという二つが必要です。

4 指示の命は規模である

指示には「教科書18頁を開いてください」「鉛筆を置いてください」のような〈一義の指示〉と、「～はなぜでしょうか。『……だから』の形で一文で書いてください」「四人グループで話し合ってください。時間は8分です」のように、これから行う活動を促すような〈多義の指示〉とがあります。

子どもたちの集中を促したり授業に不可欠な準備をさせたりするための小さな〈作業指示〉ならば、いわゆる「一時一事の原理」に従って子どもたちの行動を細分化することになります。

しかし、これからダイナミックな活動をさせようという〈学習活動指示〉の場合には、「『……だから』という一文で書いてください」「時間は8分です」のような〈規模の提示〉が不可欠になります。〈規模〉がわからないと、子どもたちはその活動の見通しをもつことができません。その見通しをもてないという状態が、子どもたちの意欲を減退させ、子どもたちの活動を散漫なものにさせてしまうのです。

前にも言いましたが、時間制限を指示する場合には、少し短めに伝えて、必要なら少しずつ延長していくのがコツです。

5 発問の命は子どもたちの分化である

「～って何ですか」「～はいつですか」「～はどこですか」「～したのは誰ですか」などの発問は、たいていの場合、一問一答になります。子どもたちにとっては、わかるかわからないかしかないからです。

しかし、「～はなぜですか」「どのように～したのですか」という発問は、答えが分かれる可能性があります。それは子どもの認知・認識・イメージを問うているからです。

５Ｗ１Ｈにもこうした違いがあります。「何」「いつ」「どこ」「誰」は、教師がずばり説明してしまってもそれほど影響のない発問です。「なぜ」「どのように」には問う価値があります。前者は確認のための発問ですが、後者は集団思考するための発問です。

子どもから見れば、前者は指摘すれば事足りますが、後者は解釈を表出しなければなりません。この解釈を表出させ、子どもたちが解釈の違いによる複数の立場に分化される、これが発問機能の第一義なのです。

授業は集団で行われます。集団で行われることが最も機能するのは、違いが明らかになったときです。その違いを対比したり類比して精査していく、その入り口となるのが発問なのです。

6　事象の説明の命は見える化である

子どもたちにある事象を具体例を用いて理解させようとする場合、その核心は〈見える化〉にあります。

〈見える化〉には次のような四つがあります。

一つ目に具体物の提示です。そのものの実物を見せたり、起こる現象をその場で見せたりします。教室に実物を持ち込んだり、理科で実験を見せたりするわけです。また、テレビ画面に写真や絵を映したり、実際の映像を見せたりすることもこれにあたります。

二つ目にモデル機能です。要するに教師が実演してやって見せるわけです。よい態度やよい姿勢、よい話し方・聞き方など、動作や作用、状態や感情を示すのに適しています。

三つ目に図示です。黒板やテレビ画面、スクリーン、端末に絵を描いたり、構造を図示したり、わかりやすいように表にまとめたりします。

もう一つ、重要なのは描写です。現実には存在しない構成概念・抽象概念を教えるときには、「例えば、かくかくしかじかのことがあったとき、きみならどうする?」と具体的な状況を描写しながら、あたかもその状況に自分がいるよう追体験させて心情を想像させる必要が出てきます。

7 方法の説明の命は見通しである

例えば、四人グループでの話し合い方を説明するとしましょう。

まず、「このグループで説明しますよ」と言って、あるグループに近づきます。「最初に、このAさんがかくかくしかじかと意見を言います。この間、誰も質問や反論はしません。その後、時計まわりにBさん、Cさん、Dさんと意見を言っていきます。四人が言い終わると、だいたいみんな『ああでもない、こうでもない』と話し合いたくなりますから、その意欲を発散して議論を始めてください。そして、四人でなんとか『こういうことなんじゃないか』という合意形成を図ってください。あとでグループごとに発表してもらいますから、誰が発表するかも決めます。これを8分で行います」

このように、最初から最後までの動きを順次性を追って説明して見通しをもたせます。そして、「いいですか？　まず全員が意見を言う、その後議論する、合意形成を図る、発表者を決める、という四段階です。時間は8分です」と念を押します。

私たち大人も見通しのもてないことには、取り組みたくないものです。子どもたちだって同じです。こうやってやるんだよ、この程度の時間でやるんだよという見通しをもててこそ、「うん、自分たちにもできそうだ」になるのです。

8 事前に想定されるミスを伝える

ある程度の長さのある活動方法の説明をしたら、必ず「何か質問はありませんか？」と質問を取ります。

たいていの場合、教師の説明がわかりやすければ質問は出ません。それがよい説明だったか否かの試金石になります。ただし、わかりやすい説明は、子どもたちに「なんとなくわかったような気」にさせてしまうというマイナス面もあるのです。教師はこういう細かな、小さなところにまで目を向け、配慮を重ねる必要があります。

こうしたときには、「前に同じようなことをしたときに、こういうミスがあったので気をつけてね」とか、「よくあるのが、～を～だと勘違いして、～しちゃったりする場合があるんだけど、大丈夫かな？」といった、〈起こり得るミス事例〉を事前に伝えてしまうと効果的です。

子どもたちは「ああ、オレだ～」とか「勘違いしてた～」と言って、もう一度確かめようとするようになります。

教師に多くの経験がないとできないタイプの指導言ですが、実はこうした本筋でない、挿入的な指導言が授業を機能させることが決して少なくないのです。

9 指導言には攻めと受けがある

これまで指導言に関する八つの原則を述べてきました。

しかし、これらはすべて、教師が指導案を進めていくための指導言の原則です。いわば〈攻めの指導言〉です。

しかし、指導言には〈受けの指導言〉というものがあります。指導案上にある指導言ではなく、実際に子どもの反応を見たり聞いたりした後に、その応対として発せられる指導言のことです。

〈攻めの指導言〉は事前に準備することができるので、力量のない教師でもその指導言を発することができます。しかし、〈受けの指導言〉は子どもたちの反応を受けて、その場で臨機応変に教師が反応することを指します。従って、教師の人間性がストレートに出ますし、教師の力量があからさまに出る指導言と言えます。

そして大切なのは、授業の構成をつくるのは〈攻めの指導言〉ですが、授業の雰囲気をつくるのも授業の機能度を上げるのも〈受けの指導言〉である、ということです。教師に研究とともに修養が必要だとされる所以の一つがここにあります。

日常的に、〈受けの指導言〉を意識しましょう。

10 間も指導言である

子どもたちがざわついているときに、教師が黙っていることがあります。おしゃべりをやめない子に視線を合わせます。それに気づいた子からおしゃべりがおさまっていきます。誰もが経験したことのある教室風景です。

子どもが突飛な意見を言います。教師が目を丸くして沈黙します。目を丸くしたまま、たっぷり間をとった後に、ふと、「たまげたなあ！」と言います。教室が一気にはじけます。こんな教室風景も経験したことがあるのではないでしょうか。

教師が「いいかい？　大事なことを言うよ」と言って、にやりと笑います。子どもたちはひたすら先生の次の言葉を待っているわけですが、教師はにやりとしたまま、なかなか次の言葉を発しません。教室が緊迫した沈黙に包まれます。これも誰しも経験したことがあるでしょう。

言葉と言葉の間にある沈黙。

〈間〉もまた指導言であるということです。

指導言の最高峰は〈間〉を的確、適切に操ることと言ってもよいほどです。授業名人の多くは〈間の名人〉です。

ＡＬ活動の基礎技術

授業に「アクティブ・ラーニング」（以下「ＡＬ」）の導入が推奨されるようになって、10年近くが経過しています。いまや、授業の中に小集団交流があることは普通のことになりつつあります。

しかし、なんだかんだ言っても、授業の主たる形態は一斉授業です。その中にどのようにＡＬ活動を導入していくかは、教師の悩みどころでもあります。また、ＡＬ活動を導入するにしても、それをどのように機能させるか、子どもたちの学びを成立させるかは難しい課題でもあります。

ここでは、そのような現状を受けて、授業

の中にＡＬ活動を導入していくための基礎的な技術について紹介していきます。ＡＬ活動はダイナミックな授業手法で、ちゃんと導入しようと思えば膨大な知識が必要とされます。その意味で、ここで紹介されているのは「基礎の基礎」にすぎないということだけは、御了承ください。

詳細は拙著『ＡＬ授業一〇の原理・一〇〇の原則』（明治図書・二〇一三年）、『教室ファシリテーション一〇のアイテム・一〇〇のステップ』（学事出版・二〇一二年）を御参照ください。前者はＡＬ授業の理念や技術を、後者はＡＬ活動の一〇の方法について、追試可能な書き方（指導言つき）で紹介しています。

ＡＬ活動の基礎技術

1　ペア交流から始める
2　ペアを入れ替える
3　観察者をつくる
4　交流を振り返らせる
5　広げる交流と深める交流がある
6　一人ひとりに意見をもたせる
7　方法を細かく提示する
8　時間を指定する
9　メンバーをシャッフルする
10　アイディアを出させる

1 ペア交流から始める

何事にも言えることですが、年度当初から高度な要求をしてはいけません。「もう高学年だから」「もう中学生なのだから」といった、発達段階に対する教師の思い込みも厳禁です。何年生であろうと、他人とのコミュニケーションが苦手な子というのはいるものです。

まずは話しやすい環境をつくることから始めて、子どもたちの様子をよく観察して実態を見極めてから、少しずつステップアップしていくべきです。

こうした意味で、小集団交流は学年を問わず、二人組、即ち〈ペア交流〉から始めるのが常道です。また、自分の意見をノートやワークシートにしっかりと書かせ、話すべき内容を全員にもたせてから行います。しかも、交流の目的は何なのか、どちらが先にしゃべり出すのか、質問はいつするのか、二人が正反対の意見だったらどうするのか、こうしたことを丁寧に確認します。

私の場合、①ペアインタビューから始めて、②エピソードを聞き合う、③二人の共通点と相違点を明らかにする、④合意形成を図る、⑤議論する、という段階で交流を発展させていきます。

2 ペアを入れ替える

小集団交流は、ふだんの座席を使うのが一般的です。四人、六人のグループであれば、毎回の交流内容もバラエティに富んだものになります。

しかし、ペア交流の場合はペアが固定すると、少しずつ沈滞していくものです。どうしても、相手の発想がわかってしまう気がするのです。

そこで、ペア交流学習では、頻繁にペアを入れ替えることをお勧めします。

まずは隣同士。次に前後同士。更には斜めに座っている者同士。また、教室の座席の列をまるごと入れ替えてしまう、というのもお勧めです。廊下側から数えて二列目と四列目、六列目と八列目がまるごと入れ替わるわけですね。或いは、廊下側から数えて偶数列の人たちが一つずつズレていくという手法もあります。偶数列の一番前の人が一つ下がって前から二番目の席に行く、二番目の人が三番目へというようにズレていき、一番後ろの人が一番前にくるわけです。

同じテーマでも、相手が変われば交流の内容がまったく変わってしまうという体験をすることができます。そうした体験が、他者と交流することが有益であるという実感につながります。

3 観察者をつくる

小集団交流においては、もちろん交流する内容が最も大切なのですが、交流の仕方に対する意識をもつことも内容と同じくらい大切です。

人間は自分が一所懸命に話しているとき、自分が一所懸命に聞いているときには、その話し方や聞き方がよいのかどうかなどということには気持ちが向かないものです。他人の活動を外から眺めているときにはいろいろなことが目につくのに、自分のこととなると同じような目で、客観的に見ることができないのです。

そこで私は、ペア交流活動の中で話し方・聞き方について考えてほしいという場合には、そのペア以外に「観察者」を置いて、交流のあとに「振り返り」をさせることにしています。

①三人ひと組で二人がペア交流をする、一人が観察するというパターンと、②四人ひと組で二人がペア交流、二人が観察者というパターンと、ふた通りを採用しています。もちろん、A・B・Cの三人組の場合には、①A・Bがペア交流、Cが観察者、②B・Cがペア交流、Aが観察者、③C・Aがペア交流、Bが観察者というように、全員がすべての役割を担うようにします。

4 交流を振り返らせる

小集団交流が終わったら、必ず〈振り返り〉に取り組ませます。

初期指導では特にこの活動が重要です。やりっ放しの小集団交流はたいていの場合、最初こそ盛り上がるものの、次第に目的意識が薄れて焦点ぼけしていくものです。

〈振り返り〉のパターンにはいろいろありますが、オーソドックスなパターンとしては、①今回の交流はどんなところがよかったか、②更に交流を充実させるためにはどんなことが課題か、という二つの点について思うところを述べ合います。その後、③二人が共通して成果（よいところ）として挙げていること、④二人が共通して課題として挙げていることを共有化します。更に、⑤どちらか一方が成果や課題として挙げていることについて詳しく検討します。できれば、⑥課題についてはどのように改善すればよいのかについても交流します。

観察者がいる場合には、観察者が最初に口火を切って、それに対してペア交流していた二人が観察者の見方について感想を言うという仕方で進めていきます。

こうした取り組みが「帰納的な指導」の初期指導として機能します。できれば、振り返った内容から「交流のポイント　ベスト３」のようなものをつくらせると効果的です。

5 広げる交流と深める交流がある

小集団交流とひと口で言いますが、その目的によって分類することができます。

まず小集団交流は、大きく分けて二つに分かれます。それは交流することによって発想を広げることを目的とする場合と、交流することによって考えを深めることを目的とする場合とです。

発想を広げる場合には、一般的によく用いられるのが〈ブレイン・ストーミング〉です。一人一つずつアイディアを出していって、途中からは、これまでに出されたアイディアをもじったり融合したりしながら、どんどんアイディアの発想を広げていきます。

また、〈ロールプレイ・ディスカッション〉という手法もあります。模擬裁判のように、それぞれが何かの役割になってディスカッションしてみる手法です。一つの立場になりきって考えてみると、通常では思いつかないような発想が生まれるものです。

考えを深める場合は、基本的に二つです。一つは、議論してみることによって個々人の考えが深まることを目指す交流、もう一つは、合意形成を図るための交流です。

考えを深めるにしても合意形成をするにしても、どちらも一般的には四人で交流するのが原則です。四人が最も「傍観者」をつくらない人数だとされています。

6　一人ひとりに意見をもたせる

小集団交流において絶対に蔑ろにしてはいけないのが、子どもたち全員に意見をもたせてから交流に入る、ということです。一人残らず全員にです。しかも、頭の中にもたせるだけではいけません。ノートやワークシート、付箋や端末に書かせるのです。媒体はいろいろ考えられますが、書かせるということだけは決して揺るがしてはなりません。

二つの理由があります。

第一に、コミュニケーションが苦手、交流が苦手という子が「言うべきことがない」という状態になって、交流の傍観者になることを避けるためです。いきなり交流に入りますと、いかに小集団とはいえ、2～3割程度の傍観者が出てしまうものです。この状態に陥るのを避けるのです。

第二に、子どもたちに当事者意識をもって交流に参加してもらうためです。人は自分の意見が書かれていると、その意見に責任をもたなくちゃ、という意識が働きます。また、自分が明確に意見をもつと、他の人がどんな意見をもったのかと気になるようになります。

この二つが融合して、初めて当事者意識を抱いての交流になるのです。

7 方法を細かく提示する

まずはもう一度、指導言の原則7「方法の説明の命は見通しである」（166頁）を読んでみてください。これは合意形成を図る小集団交流の説明の例です。

小集団交流は基本的に、子どもたちに事前に書かせた意見を表出させるところから始めます。四人なら四人、六人なら六人全員の意見をすべて出させ、検討の俎上に上がる意見をリストアップするわけです。この間は発言者以外の者にはしゃべらせないのが原則です。

二つの意味があります。第一に交流を苦手としている子にもしっかり最後まで発言させるという意味、第二に後のフリーディスカッションまで言いたいことのエネルギーをためさせる意味、の二つです。

すべての意見のリストアップが終わると、フリーにディスカッションさせます。

子どもたちに任せてもうまく進められるという場合にはフリーにして構いませんし、うまく進められないという場合には一つ一つ検討の仕方を細かく説明することになるでしょう。

交流方法を細かく説明するのも、こうした交流をよりよく機能させるためなのです。

8 時間を指定する

これまでにもいろいろなところでさまざまな形で述べてきましたが、学習活動の見通しを子どもたちにもたせるには、〈方法〉とともに〈規模〉を知らせることが重要です。小集団交流の〈規模〉は言うまでもなく〈時間〉です。

人間は「時間がない」という意識を抱いたときほど、集中力をもって物事に取り組もうとするものです。その意味で、子どもたちに告げる時間は少しだけ短めに告げます。10分程度の交流時間が想定される場合には「時間は8分です」と告げ、15分程度が想定される場合には「12分」と告げます。授業において、指定する〈時間〉は、短い場合には延ばすことができますが、長すぎたからと言って短く切り上げることはできません。時間を見ながら意図的に時間を使っていた子が損をすることになるからです。

こうした時間指定の在り方は、授業のみならず、すべての指導場面で重要な原則です。長い時間を指定して途中で切り上げると、優秀な子の信用を失いかねません。

授業という営みは、教師が子どもたちの時間の使い方をコントロールする、という側面があります。それぞれの学習活動に取り組む時間がどうしたら有意義なものになるか、それを考える営みでもあるのです。

9 メンバーをシャッフルする

ペア交流のときにも言いましたが、小集団交流をする際、メンバーを入れ替えることはとても有効です。

固定したメンバーで交流していますと、どうしてもだんだんとメンバー間の思考自体が固定化してしまいます。要するに、みんなが同じ話し合いをしているわけですから、思考が似通ってきて、新たな発想や新たな疑問が出てきにくくなるわけです。

最近、システマティックなファシリテーションの形態として〈ワールド・カフェ〉が流行していますが、〈ワールド・カフェ〉の良さは何と言ってもグループの思考が凝り固まってしまわないように、途中で交流するメンバーをシャッフルするところにあります。

小集団をつくっているそれぞれが、途中別々のメンバーと交流し、またもとの小集団に戻ってくることによって、思考の固定化をふせぎ、交流を活性化しているわけです。こうした発想は、〈ジグソー学習〉や〈マーケティング・ディスカッション〉など、学校教育においても算数・数学科や理科教育を中心に導入されてきた発想でしたが、〈ワールド・カフェ〉は、それを誰もが簡単にできる形にしたところが大きいと言えます。

小集団交流には〈シャッフルタイム〉を入れることをお勧めします。

10 アイディアを出させる

子どもたちにアイディアを出させることによって、子どもたち個人個人としても小集団としても、果ては学級全体においても発想を広げていくことができる、そうした目的をもって導入されることが多いのが〈ブレイン・ストーミング〉です。

〈ブレイン・ストーミング〉と言うと一般に、学校行事や学級活動において何か企画を立てるときの手法というイメージが強いのですが、実は教科の授業の中でもさまざまに効果を発揮します。

例えば、私は詩や物語の学習において、六人グループを使って「なんでもいいから、内容上・表現上の特徴を見つけて〈ブレイン・ストーミング〉してください」と言って、授業の出発点を〈ブレイン・ストーミング〉にすることがあります。最初はわかりきったことしか出ない傾向がありますが、進んでいくに従っておもしろい検討材料がたくさん出てきます。

社会科では、公民の授業である家計簿を資料に、「この家庭の経済状態を改善するにはどのような手立てがあるか」という課題で〈ブレイン・ストーミング〉に取り組んでいるのを見たことがあります。

若手教師に必要な構え

「渡る世間に鬼はなし」と言いますが、中には陰湿な同僚、噂好きの保護者に陥れられるということがないわけではありません。また、陰湿な人によるのでなくても、周りの人たちの無意識的な行動によって、危機に陥るということもあり得ます。学校組織の特別な動き方になじめなくて、精神的にまいってしまうということもあるでしょう。

ここでは、若手教師がそうした危機的状況に陥らないように「自分を守る」にはどうしたらいいかについて紹介していきます。基本的には教職を今後も続けていくという方向で述べていきますが、いわゆる目に見える形で

の「ハラスメント」については言及していません。それは正式に訴えることが必要で、「気をつける」という類《たぐい》のものではないからです。

毎日元気に、ポジティヴな姿勢で子どもたちの前に立ち続けるためにも、教師自身が精神的に安定しているということは何より大切なことです。せっかく教師というやりがいのある仕事を選んだのですから、気持ちよく仕事に向かい、心置きなく教師としての成長を目指したいものです。

詳細は拙著『教師力アップ成功の極意』（明治図書・二〇一二年）を御参照いただければ幸いです。

若手教師に必要な構え

1 「報・連・相」を徹底する
2 可愛がられる方が得をする
3 同僚とは絶対に喧嘩しない
4 謝罪するだけなら安いもんである
5 戦略的にイエスマンになる
6 指導ラインは周りに合わせる
7 他の子どもの悪口を言わない
8 男性教諭は女子と二人きりにならない
9 養護教諭・学校職員との関係を築く
10 死ぬくらいなら逃げる

1 「報・連・相」を徹底する

俗に言う「ホウレンソウ」を徹底することが必要です。

学校も組織だから……という理由もありますが、本音では、「自分の身を守るため」という理由が大きいのです。

中でも最も大切なのは「報告」です。学年主任に報告する、生徒指導主事に報告する、管理職に報告する。上司に報告した途端にその上司はその件に関して、あなたとの共同責任者になります。「叱られるんじゃないか」と思われる事案であっても、自分の手に負えないと思ったらすぐに報告してしまって、共同責任者をつくってしまって楽になりましょう。

生徒指導がうまくいかなかった、保護者からクレームをつけられた、そんな気はなかったのだが子どもから教師にあるまじき行為だと言われた、とにかく学校の公的な業務で起こった事案についてはどんなにネガティヴなことであっても報告しましょう。たいていの場合は助けてもらえます。

自分一人で陰で動こうなどとは絶対に考えてはいけません。それが失敗したときには、誰にも助けてもらえなくなります。人間関係とはそういうものなのです。

2 可愛がられる方が得をする

四月、先輩教師たちが職場の新卒三人を連れてカラオケに行ったとしましょう。先輩教師が酔って、「よーし、新卒、順番に歌え〜」と強制したとします。新卒Aは「僕、歌えないんですよ。歌は絶対に歌いません」と言って拒否したとします。新卒Bは「はい、わかりました」とビブラートをきかせて、美声を響かせたとします。拍手も大きく、先輩教師も感心の表情です。新卒Cは「ぼく、筋金入りの音痴なんですよ〜」と言って、音程を外した、それはもう下手くそな歌を笑顔で披露したとします。もう先輩たちは大笑い。

さて、この三人の新卒の中で、今後、先輩教師たちに最も可愛がられるのは誰でしょうか。間違いなく、Cくんです。人は決して、完璧に仕事をこなす人が好きなのではありません。不完全でいい、多少の迷惑をかけられたって構わない、そんなことよりも、壁をつくらない、多少の恥をかくことならものともしない、自分を落として笑いを取り合う、そんな人間関係にこそ仲間意識を抱くものなのです。

若いうちは可愛がられることが必要です。もちろん、無理をする必要はありませんが、可愛がられる者が得をするのが世の中なのです。

3 同僚とは絶対に喧嘩しない

相手がどんな人であっても、同僚と表立っての喧嘩は絶対に避けましょう。

社会人同士で一度でも表立った喧嘩をすると、関係の修復は一生不可能です。その職場にいる限りいやな思いをし続けることになります。それが先輩教師なら尚更です。

陰口を言われるとか、面と向かって悪口を言われるとかならまだいいのです。そういうことなら、我慢することもできますし、管理職に相談することもできます。

しかし、陰湿な人は、職員会議であなたの提案を通さないように画策するとか、子どもたちにあなたの悪口を言ってあなたが仕事をしづらいようにするとか、必要な情報をあなたにだけ知らせず、締切ぎりぎりになってあなたが困っているのを見て楽しむとか、そういうことをします。世の中には、悪口や陰口よりも怖いことがいくらでもあるのです。

それが、どちらかが転勤するまで続きます。そういう職場で過ごす数年間は悲劇です。精神を病みかねません。そんなことになるくらいなら、できるだけ近づかないでいる方がよいのです。学校という職場はほとんどが教室にいる時間なのですから。また、十年後に、転勤先で一緒の学校になる、なんていうこともあります。悪い噂を振りまかれる可能性もあります。今後の教師生活にさまざまな悪影響を与えかねないのです。

4 謝罪するだけなら安いもんである

それでも喧嘩してしまった、或いは心ならずも同僚とトラブルになってしまった、そういうことがあったら、つまらないプライドは捨てて、さっさと謝ってしまいましょう。

謝るのはただです。

ただどころか、まわりまわって益になることさえ少なくありません。より大人の対応をした側が最終的には勝利する、そういう法則がこの国にはあります。肝に銘じておくとよいでしょう。

人は謝られてしまうと、それ以上は表立って攻撃しづらいものです。その人との人間関係がよくなることはあまりないかもしれませんが、激しい攻撃にさらされるということは避けられます。

また、そうした攻撃的な人に対しては、裏に反対勢力が必ずいるものです。トラブルになって謝罪したという事実が、そうした反対勢力とのつながりを深めてくれるかもしれません。

職場の中で孤立するのはつらいものです。若ければ若いほどつらいものです。頭を下げるだけで済むのなら、実は安いものなのです。

5 戦略的にイエスマンになる

自分なりのこだわりをもつことは大切なことです。

管理職や周りの先生方の反対にあってでも貫きたい理想とか、どうしてもこだわりたい生徒指導の手法、学級経営の在り方というものもあるかもしれません。しかし、そのすべてで自分の我を通そうとするのは無理というものです。

私は教職三十年以上になりますが、いまでも職員室で我を通して思い通りにすることは年に一つだけと決めています。ただし、その一つは徹底的にねばって絶対に貫き通す、そういうスタンスです。

このスタンスをとり始めて二十年以上が経ちますが、年に一つのこだわりについては、自分の我を通せなかったことはただの一度もありません。しかし、これには秘密があります。そのたった一つのこだわりを通すために、他のものはすべて譲ったり妥協したりしているのです。つまり、自分の中の優先順位の一番のために、他のすべてを犠牲にしている、ということです。他で譲っているからこそ、他では折り合いをつけているからこそ、そのたった一つのこだわりを通せるのだと思っています。

実は戦略的に〈イエスマン〉になることも重要なのです。

6 指導ラインは周りに合わせる

例えば、服装や頭髪について自分は厳格に指導したいと思っているとします。基本的に自分の学級はその方針でやっているとします。しかし、周りの先生が意外とゆるくて、少々イライラしてしまいます。

こんなとき、どうすればよいのでしょうか。

例えば、周りの先生が服装や頭髪についてずいぶんと厳しく指導しています。しかし、自分は服装や頭髪を厳しく指導することに時間と労力を割くくらいなら、もっと他にやることがあるだろうに、と感じてしまいます。

こんなとき、どうすればよいのでしょうか。

結論は双方とも同じです。即ち「周りに合わせる」です。

学級経営は相対的に評価されます。ですから、自分の学級だけが厳しいと「○○先生は厳しすぎる」と言われやすく、自分の学級だけが甘いと「○○先生は甘すぎる」と言われやすいのです。こうしたネガティヴな評判がついてしまうと、他の自分がやりたいこともやりづらくなります。こうした指導ラインについては、自分の信念を曲げてでも自分だけが浮くという状態を避ける方が現実的です。

7 他の子どもの悪口を言わない

子どもや保護者に対して、他の子の悪口やネガティヴな噂話をするのは厳禁です。特に、生徒指導場面において、教師が「〇〇くんとつき合うな」的な発言をしたことによって、保護者クレームを伴う大きなトラブルに発展する、ということが少なくありません。

そうした話は必ず本人の耳に入るものと心得ましょう。

あの先生は、他の子の悪口を言う先生だ。一度そうした評判が立ってしまうと、転勤するまでその噂がつきまといます。保護者というものは、私たちから見えないネットワークをもっていることが少なくありません。ふだんは表に出てきませんが、何か生徒指導事案があったとき、なんかうまくいかないなと思ったら、保護者ネットワークの噂話によって、当該保護者が自分をネガティヴな目で見ていることがわかった、などという事例は掃いて捨てるほどあるのです。

教師だけが知っている子どもの秘密についても、絶対に漏らしてはいけません。子どもとの関係が壊れるばかりか、保護者との関係にもヒビが入ることがあります。いわゆる個人情報なら漏らすことはないわけですが、何を秘密と捉えるかは人の感覚によります。自分だけが知っていることはすべて漏らさない、そういう構えが必要です。

8 男性教諭は女子と二人きりにならない

九〇年代あたりから日本でも、男性教師が女子生徒一人と二人きりになって指導することは避けた方がよい、という雰囲気が出来てきています。

特に教育相談室や各準備室など、他の人たちから見えない密室での指導は避けた方がよいでしょう。教育相談活動などは窓のある普通教室で行い、場合によっては戸を開けて小声で行うくらいの構えでいた方がよいかもしれません。

特に、高学年以上は、そうした状況は皆無にするというくらいにした方がよいように思います。場合によっては、女性の先生や養護教諭に指導をお願いした方がよいとさえ言えます。

もちろん、ほとんどトラブルになるなどという事案はありません。しかし、トラブルになってしまったら、もうその一度で職を失うほど致命的な事態に陥ります。

教師のわいせつ行為の発生率は、数としてはそれほどあるわけではありません。しかし、全国的にはそれなりの数になります。しかも、それらすべてが大きく報道されるために、世の中の印象としては多く発生している印象をもたれているのです。

気をつけて、気をつけすぎるということはありません。

9 養護教諭・学校職員との関係を築く

学級経営・生徒指導・教育相談活動において、大切にしなければならない人間関係はいわゆる学年の教師団ばかりではありません。

第一に、良好な人間関係を築いておきたいのは養護教諭です。校内に、養護教諭ほど各学級の実態や子どもによる各教師の評判に精通している人はいません。また、校内に養護教諭ほど味方につけて心強い人もいません。彼女たちは校内で一歩引いている場合が多いのですが、総じて勉強家です。身体に関してのみならず、教育相談や特別支援教育の専門的な知識や技術を身につけている方も多くいらっしゃいます。

第二に、事務職員さんや用務員さん、業務員さん、栄養士さんなど、学校職員のみなさんとの交流を深めておくことです。特に用務員さんとの人間関係を築いておくことは、生徒指導にはとても重要です。ガラスや蛍光灯が割れたり、公共物が壊れたりしたときに、気楽に修理を依頼できるか否かは、指導のストレスの度合いを左右するほどです。用務員さんは特殊な技術をたくさんもっていますし、人柄的にもおもしろい方が多いので、いろいろな意味で勉強にもなります。

視野を広げるためにも、こうした人たちとの関係を築いておきたいものです。

10 死ぬくらいなら逃げる

私は教職に就いて三十年ちょっとになりますが、この間、同僚や大学の時代の先輩・後輩、高校時代の同期の友人など、教職に就いている近しい友人・知人の自殺を片手で余るほどに見聞きしてきました。

第一章で「明後日の思想」を例に、いま自分が置かれている状況が苦しくても、五年後の自分はそれを成長の糧としているはずだから、未来を信じてもう少し頑張ってみましょう、そう考えましょうと私は言いました（63頁）。確かにそれは、長い目で見たときには大切なことです。

しかし、いま現在の自分が置かれている状況が、死を考えるほどに深刻だとすれば、それは迷うことなく逃げることです。

休職したって退職したって構わないのです。同僚に迷惑をかけるとか、子どもたちに申し訳ないとか、親に顔向けできないとか、そんなことはどうでもいいことです。確かに、教職は尊い仕事ですし、この安定した職業に就いたことを親は喜んでくれたかもしれません。しかし、命を賭けるほどの仕事ではありません。

死ぬくらいなら、逃げてください。それがよりよい選択なのです。

教師の基礎理論

学校教育には、その裏に、教育活動を支えている基礎理論があります。学生時代に講義で学んだ教育史的な理論も大切ですが、それ以上に大切なのは、現在の学校教育がどういった状況にあるのかを分析した基礎理論です。ここでは、若手教師が実際に教育活動を行うにあたって、知っていた方がよいだろうと思われる基礎理論について、ごく簡単にではありますが、紹介していきたいと思います。詳細をお知りになりたい方は、本文に書名を紹介していますので、専門書に手を伸ばしてもらえればと思います。また、インターネット上にもそれらの情報はたくさんあると思いま

す。

教師という職業は、若手教師だけでなく、中堅・ベテランになっても教育理論を知らぬままに仕事にあたっている人が多いという特徴をもっています。子どもには読書を強いるのに、自分はほとんど本を読まないという人も少なくありません。しかし、何事もそうですが、何かに取り組むというときには、それを支えている理論を知るということは、その仕事の在り方を間違いなく豊かなものにしていきます。その意味で、若いみなさんには、理論を軽視しない教師になってほしいと思っています。「頭でっかち」になる必要はありませんが、自分の感覚だけでやり続けるのも危険なのです。

教師の基礎理論

1 スクール・カースト
2 サイレント・マジョリティ
3 ヒドゥン・カリキュラム
4 ブロークン・ウィンドウズ
5 イニシアティヴ
6 インクルージョン
7 マクドナルド化
8 パッチング・ケア
9 F・M・Cチームワーク
10 教師力ピラミッド

1 スクール・カースト

〈スクール・カースト〉という言葉をご存知でしょうか。別名〈学級内ステイタス〉とも呼ばれ、学級内の子どもたち個々のステイタスを指す用語です。

学級集団を構成する子どもたちは、時代とともに変容してきています。現代の子どもたちは、〈自己主張力〉〈共感力〉〈同調力〉の総合力としての「コミュニケーション能力」の高低を互いに評価し合いながら、自らの〈スクール・カースト〉の調整に腐心しています。〈スクール・カースト〉は学級への影響力・いじめ被害者リスクを決定するとともに、子どもたちを無意識的に階級闘争へと追い込んでいる、重要な概念です。ここでは、森口朗『いじめの構造』（新潮社・二〇〇七年）の提案を軸に、まずはその概略を紹介することにしましょう。

森口は「コミュニケーション能力」を、子どもたちが〈自己主張力〉〈共感力〉〈同調力〉の総合力と捉えていると分析しました。〈自己主張力〉とは自分の意見を強く主張する力、〈共感力〉とは他人を思いやる力、〈同調力〉とは周りのノリに合わせる力のことです。

この三つの力の総合力を、現代的な子どもたちは無意識のうちに〈スクール・カースト〉を測る基準としています。

森口は三つの力といじめ被害者リスクとの関係を提示しました。そこで分析されているのは、現代の学級が八つのキャラクターによって構成されている、ということです。

①スーパーリーダー（自・共・同のすべてをもっている）
②残虐なリーダー（自・同をもつ）
③栄光ある孤立（自・共をもつ）
④人望あるサブリーダー（共・同をもつ）
⑤お調子者・いじられキャラ（同をもつ）
⑥いいヤツ（共をもつ）
⑦自己チュー（自をもつ）
⑧何を考えているかわからない（どれももたない）

①から⑧へと行くごとに、「いじめ被害に遭うリスク」が高くなります。つまり、⑦「自己チュー」タイプの子や⑧「何を考えているかわからない」と評される子たちの「いじめ被害者リスク」が高い、というわけです。また、いわゆる「集団によるいじめ」は、②「残虐なリーダー」に⑤「お調子者」が結びついて加害者になるとされます。

2 サイレント・マジョリティ

〈2・6・2の法則〉と呼ばれる、集団構成の階層を示す原則があります。

いかなる集団にも組織の進むべき方向性を見いだし全体を引っ張ろうとする層が2割、集団の動きに関係なく我が道を行き、時には集団にとってネガティヴな動きさえ厭わない層が2割、その時々の空気に流されながら同調する6割の層に分かれる、というわけです。

これを学級集団や学年集団にあてはめて考えると、次のようになります。

2…常に教師の指導に賛同するとともに、学校文化に親しみ、学習や生活・学校行事などに積極的に取り組もうとする層

6…教師の力量や学級の雰囲気に従って自分の態度を決めたり、教師の力量がないせいで現状があると教師に批判的なまなざしを向けたりしているが、基本的には自分から動こうとはしない層

2…教師の指導や学級文化に親しむことなく、学習・生活・学校行事などに対して常にネガティヴな態度を取り続ける層

もちろん学級の実態によって、この2・6・2が1・8・1だったり1・6・3だったりすることはありますが、概ね一般的には2・6・2になっている、ということです。〈2・6・2の法則〉に基づいて学級集団や学年集団を考えるとき、教師の仕事として最も重要なことがポジティヴな2割でもネガティヴな2割でもなく、いかに中間層の6割をポジティヴ側に引っ張るかというところにあることが理解できるのではないでしょうか。学級崩壊や荒れた学校・学年とは中間層の6割がネガティヴな2割に賛同した動きをする状態、逆に安定した学級・学年・学校というのは中間層がポジティヴな2割に賛同した動きをする状態のことなのです。

試しに、みなさんの学校で最も安定した学級経営をしている先生の学級を思い浮かべてみてください。どんなに安定している学級にも、必ず問題傾向の子や特別な支援を要する子など、いわゆる「気になる子」「手のかかる子」が2割程度はいるはずです。しかし、その先生は中間層の6割をしっかりと味方にしているために、その2割の「気になる子」や「手のかかる子」に安心して時間と手間をかけることができているのです。

あの学級は安定していていいなあ……などと、羨ましがっているだけではいけません。なぜ、学級や学年にそうした安定が生まれているのかを分析することこそが大切なのです。

3 ヒドゥン・カリキュラム

〈ヒドゥン・カリキュラム〉という教育哲学の概念があります。日本語では「かくれたカリキュラム」と呼ばれ、「教師が意識しないままに教え続けている知識・文化・規範」と定義されますが、具体的には次のようなことを意味します。

例えば、フェミニズムを主張する人たちから次のような指摘がなされてきました。一般に出席簿は男子が先、女子が後になっていますが、これを基盤に長年出席をとられていると、無意識のうちに男子優先という規範が子どもたちに染みついていく、現在の社会の男子を優先する雰囲気は学校教育で無意図的につくられた面がある……こういう指摘です。要するに、学校側は意図も意識もしていないのですが、長年の影響によって「男子優先」が揺るぎない規範として機能していくことになる、というわけです。

フェミニズムの例ではあまりピンと来ないかもしれません。しかし、教師が意図も意識もせずに教えていることは、小さなことから大きなことまで数限りなくあるのです。

例えば、授業中、発言を求めてある子を指名したとします。ところが、その子がずっと黙っています。「どうかな?」とか「どんな小さなことでもいいんだよ」とか言ってみますが、だんまりが続いたままです。教師もこれはダメだと思い、「そうか。何も浮かばないか」と言って「じゃあ、〇〇くんは？」と次の子を指名したとします。教室でよく見られる風景です。しかし実は、ここにはかなり大きな〈ヒドゥン・カリキュラム〉が形成されています。子どもたちから見れば、「指名されても黙っていれば次の子にまわしてもらえる」というルールが成立しているのです。

例えば、四月の学級開きにおいて、「先生はいじめは絶対に許さない！　どんな小さなことでも先生に相談しなさい。先生はちゃんと話を聞いて対処します」と言ったとします。五月になって、おとなしめの女の子がか細い声で「先生…」と声をかけてきました。ところが、そのとき、教師がたまたま急ぎの連絡をする用事があって急いでいたために、「ちょっと待ってね。いま、急いでるんだ。あとでね」と用事を優先してしまいました。教師側から見れば些細なことにも感じますが、こんなことが四月の宣言を「嘘」にしてしまい、教師の「言行不一致」と捉えられてしまいます。要するに、「先生の言うことは信用できない」という悪しき〈ヒドゥン・カリキュラム〉が形成されてしまうのです。この場合、用事を済ませたあとに本当にすぐに戻ってきてその子に対応すればまだ間に合いますが、それを忘れてしまったとしたら、人間関係の致命的な破綻となります。

〈ヒドゥン・カリキュラム〉とはこういう概念です。いかがでしょうか。無意識でいると恐ろしい原理だとは思いませんか。

4 ブロークン・ウィンドウズ

放課後の教室を見てまわることがあります。

四月、学級開き直後のがらーんとした教室。教室の床に夕陽が反射して輝いています。床一面に掃除が行き届いている証拠です。五月、連休が明けた頃、必要な掲示物がすべて完成し、教室は華やかに彩られます。中には、子どもたちの写真がいっぱい飾ってある学級もあります。

しかし、転機は五月下旬から六月上旬に訪れます。ちょうど、昼間に子どもたちが窓を開けるようになった頃です。後ろの掲示板の窓側に画鋲のとれた掲示物が現れます。きっと窓から入る風によって画鋲がはずれてしまったのでしょう。これを即座に直すという姿勢があるかどうか。一年間の分かれ目の一つです。

教室の床が夕陽を浴びて光っているのは続いているのですが、廊下から眺めただけで、夕陽の反射の中にこまごまとしたチリも光っています。掃除されたばかりのはずの時間。それなのにチリが目立つ。担任も、そして、子どもたちも、掃除への意識がくずれてきているのです。

掲示物のところどころにある子どもたちの笑顔。近づいてよく見てみると、ある子の顔写真に爪で引っ掻いたようなあとがあります。近くでよく見ないと気づかない、小さな小さな傷です。でも、この学級の一年間にとってはあまりにも大きな傷……。担任は気がついているのでしょうか。おそらく気づいてはいないのでしょう。気づいているなら、このままにしておくとは思えません。

こうして学級はほころびを見せ始めます。

ご存知の方も多いと思いますが、〈ブロークン・ウィンドウズ理論〉という有名な原理があります。いわゆる「割れ窓理論」です。たった一枚の割れ窓を放置しておくと、外部からその建物は管理が行き届いていないと認知されて、他の窓も割られていく。それがもとで他の建物にも悪い影響が及び、次第に地域全体が荒廃していく。そういう防犯を考えるうえでの理論です。この理論をもとに九〇年代のニューヨーク市が、落書きをしたり窓ガラスを割ったりといった軽微な犯罪もしっかり取り締まることによって、評判の悪かった地下鉄の落書きを一掃し、犯罪を劇的に減らしたというのは有名な話です。

実は専門的にはニューヨーク市の取り組みと結果との因果関係は証明されておらず、「割れ窓理論」の効果はまだ未知数である、という現実もあります。しかし、私たちの日常生活においては、殊に子どもたちの学校生活を考えるうえでは、実感に基づいた比喩的な原理として〈ブロークン・ウィンドウズ理論〉はかなり有効です。

5 イニシアティヴ

Aくんが自分の指導に従わない、X先生の指導にはちゃんと従うのに。やっぱりあの先生はAくんをあまやかしているからな。そんなことを感じたことはありませんか。

Bさんが自分の言うことを聞いてくれない。Y先生の言うことはちゃんと聞くのに。私はなめられているんだろうか。そんなことを考えたことはありませんか。

ここでもう一歩、深く考えてみましょう。X先生の指導に従うのは、果たしてAくんだけなのでしょうか。そして、Y先生の話を聞くのはBさんだけなのでしょうか。Aくんや Bさんばかりでなく、実は多くの子どもたちが、X先生やY先生の指導にならら従っているのではないでしょうか。とすれば、X先生やY先生には日常的な「教師としての在り方」に何か秘密があるのではないでしょうか。

こう考えてみることが、深く考えることの出発点になります。

X先生やY先生が生徒たちを指導に従わせることができるのは、私のことばでひと言で言うなら、「子どもたちに対して〈イニシアティヴ〉を獲得しているから」ということになります。〈イニシアティヴ〉を取るというのはその字義通り、その子とのコミュニケーションにおいて〈主導権〉を握ることです。〈主導権〉を握るための手法というのは人によってさまざまですが、最大公約数として言えるのは、出会いが肝心だということです。例えば、私は転勤するたびに一学期の始業式で全校生徒を相手に次のように挨拶します。

「〇〇中学校から参りました堀裕嗣、ほ・り・ひ・ろ・つ・ぐと言います。見かけは怖いですけれども、中身も怖いです」

私は体格が大きく顎髭も蓄えていますので、多くの場合、子どもたちはこの言葉に引きます。また、問題傾向の子どもたちは、ある種の反感を抱きます。そこで、たっぷり間をとった後にフッと笑顔をつくり、次のように言います。

「実は……明日、誕生日です」

子どもたちはまず例外なく、大きな拍手をくれます。そこで、ひと言。

「明日、堀先生とすれ違ったら、『堀先生、誕生日おめでとうございます』と元気に言ってください。そう言ってくれた人には、今後一ヶ月間、よほどのことがない限りお説教を免除します」

子どもたちから見れば、第一印象で「なんか怖そう」とか「オレたちの敵だな」と思った新任の先生が、一瞬で「なーんだ、ユーモアのある先生じゃん」に変わるわけです。

こうしたちょっとした工夫で、出会いの際に小さなアドバンテージをとる。それがコツなのです。

6 インクルージョン

〈インクルージョン〉とは聞き慣れない言葉だと思われる読者も多いかもしれません。

これは「包含」とか「包括」といった意味をもつ英単語です。最近はずいぶんと普及してきましたが、まだまだです。特別支援教育を中心に〈インクルーシブな教育〉といった言い方で認知されている用語で、すべての子どものニーズに応えるような教育、すべての子どもたちを排除しない教育を想定した概念です。

その理念は『インクルーシブ教育の実践』（コンスタンス・マクグラス著・川合紀宗訳・学苑社・二〇一〇年六月）の次のフレーズに代表されます。

> もし、私たちが教える方法で子どもたちが学ぶことができないなら、私たちは、彼らが学ぶことのできる教え方を学ばねばならない。（同書一六頁）

おいおい、そんなことできるわけがない……おそらく多くの読者はそう思われることでしょう。

もちろん、この理念を完璧に追究したり、こうしたシステムを完璧に敷くことは不可能かもしれません。しかし、日本の学校教育はあまりにも一斉指導の授業方法や規範意識の生徒指導に偏りすぎています。その意味で、世の中にはこうした理念もあるのだ、こうした理念で教育の在り方を追究している国や地域もあるのだ、そういう心構えをもって自分の教師としての在り方を見つめてみる。それだけでも大きな効果がある、と私は考えています。

一斉授業においても規範意識の生徒指導にしても、その構造は〈正しい知識や正しい立ち居振る舞いがある〉と、教えるべきことや学校生活のルールを絶対視するところにあります。ある事柄を絶対のものとして規定してしまうと、授業での学び方や学校での生活の仕方、即ち授業や休み時間における「子どもの在り方」を規定してしまうことになります。その結果、家庭の事情や身体的理由、情緒的な理由によってその在り方にはずれた行為をしてしまう子は学校教育から排除されてしまう、ということになりがちです。

もちろん、私たちはできるだけすべての子どもを包含しよう、どの生徒をも排除しないようにとは考えているのですが、一斉指導の授業形態や規範意識ばかりを求める生徒指導では、こうした子どもたちに〈ヒドゥン・カリキュラム〉として「お前はみんなと違う」「お前は邪魔だ」「お前を排除したい」といったメッセージを有形無形に投げかけている可能性が高いのです。

7 マクドナルド化

マクドナルドに行ったことのない読者はおそらくいないでしょう。ここではまず、マクドナルドに代表されるファストフード店の構造について考えてみましょう。

同僚と二人、昼休みにマクドナルドに行こうと考えたとします。店をちょっと覗いてみると、カウンターには七、八人の行列。うん、これならそれほど時間はかからない。1時には学校に戻れそうだ。「よし、昼食はマック（関西はマクドですね・笑）にしよう！」となります。列に並ぶとほどなく自分の順番。このセットでドリンクはホットコーヒー、ポテトはM、という風にすぐに決まります。数百円を支払い、トレーにすべてが並んだところで席へ。いつもの味、いつもの量で、ちょっとだけおしゃべりに花を咲かすとごちそうさま。カラになったカップやハンバーガーの包み紙をくずかごへ、トレーを所定の場所に片づけて。さて、お腹もふくらんだし、仕事に戻るかということになります。

さて、ここで考えてみましょう。もしもこれが喫茶店だったら、と。店を覗いて七、八人が待っていたとしたら、あなたはその喫茶店に入るでしょうか。ウェイトレスさんに「お客様、商品をお席までご自身でお運びください」と言われたら、納得できますか？コーヒーカップや手ふきのペーパーを自分で所定のくずかごに分別して捨ててからお帰りください、と言われたらどう感じるでしょうか。そうです。喫茶店ならどれもこれもウェイターやウェイトレスがしてくれることを、マクドナルドでは私たちは何の疑問も抱かずに自分でやってしまっているのです。ついでに言えば、実はマクドナルドでは、椅子を硬い素材でつくり、長く座っていることができないようにして客の回転をよくする、という工夫も行われているそうです。しかし、私たちは一般的に、そんなことにはまったく気づかずに楽しく食事をし、満足してマクドナルドをあとにしているのではないでしょうか。これはいったいどうしたことなのでしょう。

このように、顧客にいやな思いや疑問を抱かせることなく、本来サービスを提供する側がすべき労働を顧客の側に分担させたり、対立や障壁を避けながら目的を達成したり、徹底した効率化によって全国どこでも均一化したサービスを提供したりする社会を、ジョージ・リッツァは〈マクドナルド化〉と呼びました（『マクドナルド化する社会』正岡寛司監訳・早稲田大学出版部・一九九九年五月）。

実はこうした〈マクドナルド化〉の原理は、昨今、学校教育にも意識的・無意識的に導入されています。教師が子どもたちにいやな思いをさせることなく、教育活動を進めていくということです。「カウンセリング・マインド」や「アクティブ・ラーニング」はその代表と言えます。

8 パッチング・ケア

介護や看護の世界において、障がいや認知症のクライアントに対して、自らの障がいや記憶が飛んでいる時間帯の出来事、自らがおかした恥ずべき行為などについて触れることなく接することを〈パッシング・ケア〉と言います。例えば、認知症のおばあさんがおねしょをしてしまい、それを忘れてしまっていたり混乱して隠そうとしたりして「水をこぼしてしまった」などと言ってきた場合に、「違うでしょ、おねしょしたんでしょ！」などと言わずに、「あら、大変でしたね。風邪をひくといけないから着替えましょうね」と事実関係をスルーしてあげる、そういう対応を意味します。

この〈パッシング・ケア〉を受けて、看護師でもあり研究者でもある西川勝さんが提案したのが〈パッチング・ケア〉という概念です（『ためらいの看護　臨床日誌から』岩波書店・二〇〇七年十月）。こんなエピソードを紹介しています。

認知症のために施設に入所しているあるおばあさんが夕暮れ時に突如、意を決した様子で「ちょっと、おにいさん、もう私、帰らせていただくわ」と迫ってきたことがありました。西川さんはこのとき、一切彼女を説得しようとはしなかったそうです。自分一人の説得でどうにかなるものではない……との経験則からです。ただ彼女に向かってにっこりと微笑みました。しかし、彼女が微笑み返してくれるところまではいきません。そのうちに他の看護師さんが「お食事ですよ」と声をかけました。まだ彼女は硬直しています。他の患者さんの面会に来ていたご家族が「ご一緒にどうですか」と声をかけます。おばあさんの緊張がちょっとだけほぐれます。西川さんは彼女の手を引いてゆっくりと食卓に向かいます。すると、別のお年寄りが「いいねえ、若い人に手をつないでもらって」とひやかします。おばあさんが西川さんに体を寄せてきます。「ここはどこでしょうね」「困ったわ」と小さなため息をつきながらも、彼女は満更でもなさそう。そのうち、「おまちどおさま」と彼女にも夕食が配られる。「ありがとう」と言った表情にはさっきまでのかたくなさではなく、戸惑いの表情が浮かび始めている。でも、なかなか箸には手をつけません。「お醤油を持ってきましょうか」という西川さんの言葉にも首を横に振ります。しかし、さっきまでの意を決したようなかたくなさは消え失せ、ずいぶんと落ち着いた様子……。西川さんが「そう、ゆっくり食べてね」と声をかけて立ち上がると、おばあさんは箸を持って、やっと食事を取り始めました。

このエピソードのように、周りがなごやかならば、暴言を吐いていた子が次第に落ち着いていくとか、パニックを起こしていた子が次第に落ち着いていくとか、そういうことがあるのです。なごやかな学級をつくりたいものです。

9

F・M・Cチームワーク

いわゆる「指導力」には、大きく言って三種類があります。即ち、次の三つです。

【父性（Father）型指導力】

子どもたちに悪いことは悪いとしっかりと伝え、必要なときには子どもを叱りつけることをも厭わず、学年全体や学校全体に目を光らせる。子どもたちに規律を守らせるタイプの指導力。

【母性（Mother）型指導力】

子どもが悪いことをしても、時には子どもに裏切られてさえ、ねばり強くコミュニケーションをとり続けて最後まで子どもを見捨てない。子どもを優しく包み込むタイプの指導力。

【友人（Child）型指導力】

子どもたちと遊んだり、語り合ったり、不平や不満や悩みを聞いてあげたりする、良きお兄さん、お姉さんのようなタイプの指導力。

この三者がそれぞれの役割を担いながら生徒指導にあたることを意味する概念、それが〈FMCチームワーク指導〉です（『危険な教育改革』夏目研一・鳥影社・二〇〇一年三月）。

一般に、学校で「生徒指導ができる」と評されているのはF教師です。しかし、F教師はおとなしいタイプの子、弱いタイプの子を包み込む指導力は持ち合わせていません。そこに、F教師とM教師の役割分担が生まれます。もちろん、F教師・M教師は男性であること、女性であることとは関係ありません。

F教師は、C教師のように子どもたちの「ガス抜き」をしてあげることも不得手としていることが多いという傾向があります。また、C教師は子どもたちとの心理的距離が近いので、F教師には入手できないような情報を子どもたちから入手することがあります。それをC教師が困らないように配慮しながら（地域から苦情があってその事実が発覚したというように）指導対象としていく、そこにF教師とC教師の役割分担が生まれます。

問題はF・M・Cのそれぞれが各々の役割を意識しているか、そして、何より生徒指導の中心として動いているF教師自身が、M教師やC教師の役割の大きさをちゃんと認識しているか、ということです。学校現場では、そこに難しさがあります。

いずれにしても、この三者が、お互いにお互いの役割を尊重しながら、連絡を密にして指導にあたる組織は、生徒指導がたいへんうまく機能します。

10 教師力ピラミッド

私はかつて、教師に求められる職能を整理し、一つのモデルを示したことがあります。時代は「学力低下」と「学級崩壊」が社会問題化しており、この二つの語をマスコミで見聞きしない日がないほどでした。「指導力不足教員」や「不適格教員」という言葉が報道を闊歩し、教師の不祥事や保護者クレームの内容をマスコミの各機関がわれ先に報道していた時代のことです。「教師力」とはいったい何なのか。どんな力量的要素を備えていれば、「教師として力量が高い」と言われるのか。僕は新聞報道（当時の「読売教育メール」数年分）から、教師の力量のうちどんな力が不足していることが批判の対象になっているのかを分析し、そこから〈教師力ピラミッド〉という教師の総合的力量の理想型をモデルとして提示しました（拙著『教師力ピラミッド　毎日の仕事を劇的に変える四〇の鉄則』明治図書・二〇一三年二月）。

マスコミによる教師批判の記事を読んでいると、その批判の対象が四つに分類できることに気がつきました。

第一に教師のモラルや人間的素養に対する批判です。交通違反や性犯罪など、全国ニュースになるような教師の不祥事はもちろんですが、「ふさわしくない発言があった」「誠実さが感じられない」「モラルハザードが起きている」といった、教師の細かい言動の在り方に対する批判もこれにあたります。

第二に教師の指導力に対する批判です。「厳しすぎる」「甘すぎる」をはじめとして、「子どもが信頼できないと言っている」「学校の論理ばかりをかざして子ども一人ひとりを見ていない」「もっとダメなことはダメと毅然と対応すべきだ」など、対立する見解、矛盾する見解があちこちから上がってきます。「子どもが先生の授業がわかりづらいと言っている」といった授業運営に対する批判もこれにあたります。

第三に教師の事務能力に対する批判です。「評価評定が適正に行われていない」「連絡文書（通信など）をもっと細かく発行すべきだ」「誤字脱字が多すぎる。こんな文章を書いていて教師と言えるのか」といった批判がこれにあたるでしょう。

第四に教師の先見性や創造性のなさに対する批判です。「こんなことになる前に予兆を捉えられなかったのか」「うちの学年の学習発表会の出し物は地味ではないのか」「いまの時代にこんな方針での学校運営は時代遅れではないか」といった多種多様の批判がこれにあたります。

私はこれを受けて、「教師力」を「モラル＋指導力＋事務力＋創造性」と定義づけ、次頁のようなモデルを開発しました。それが〈教師力ピラミッド〉です。

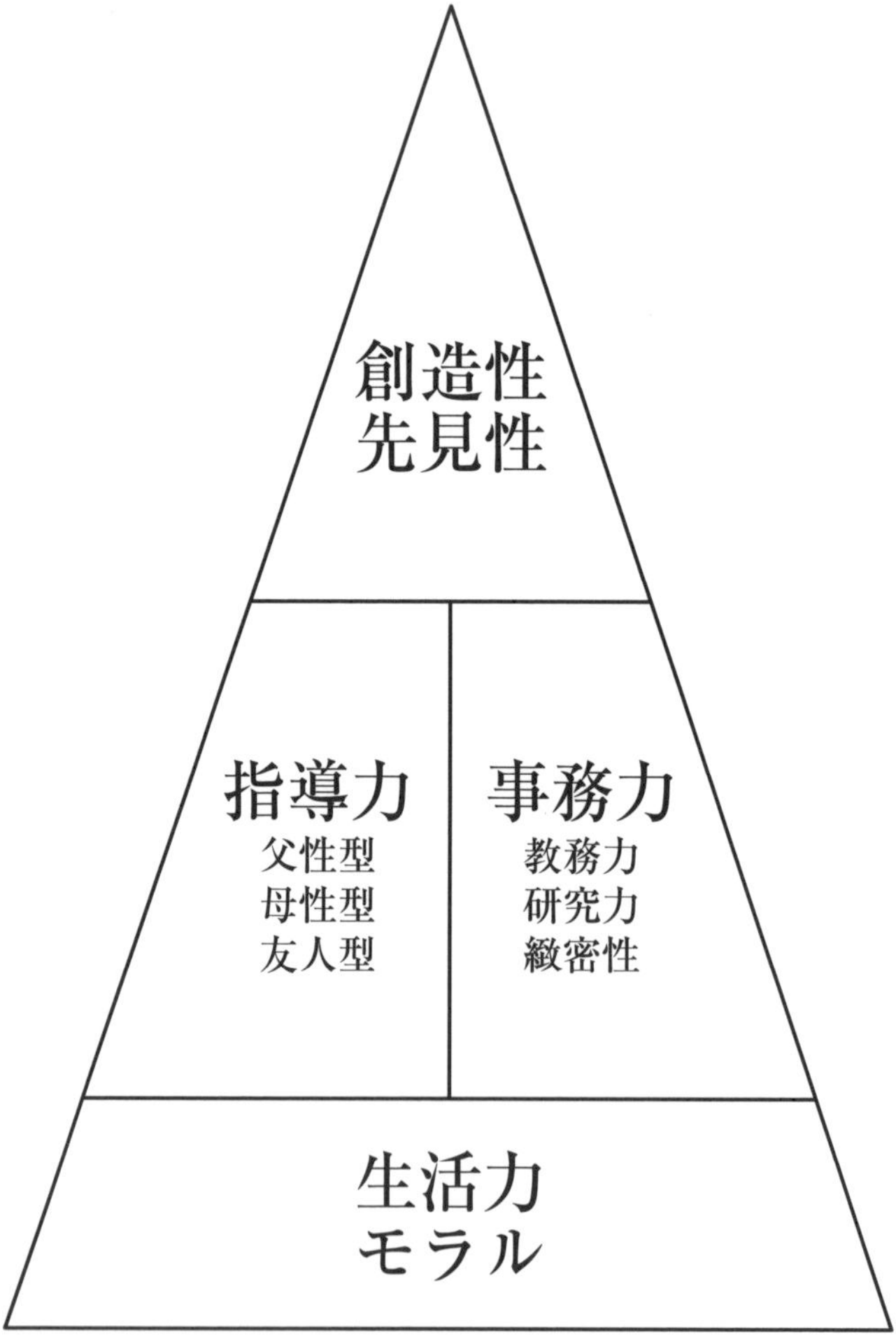
創造性
先見性
指導力
父性型
母性型
友人型
事務力
教務力
研究力
緻密性
生活力
モラル

このモデルをつくるに当たっては、「事務力」と「指導力」にそれぞれ三つずつの下位項目を立てました。

【指導力】

・父性型…悪いことは悪いと子どもたちにしっかりと伝えることのできる毅然とした姿勢で臨むタイプの指導力

・母性型…精神的に不安定な子、悩みをもっている子に対して優しく包み込むような安心感を与えるような姿勢で臨む指導力

・友人型…子どもたちと気さくに話し、さまざまなことを一緒に愉しむことのできる親しみやすい姿勢で臨む指導力

【事務力】

・緻密性…成績処理や進路事務、生活記録、報告文書などにおいて細かくミスなく処理することのできる事務力

・研究力…授業を初め、学級活動、生徒指導等において、子どもたちに合った的確な指導法を開発する事務力

・教務力…時代の要請や地域の要請に従って教育課程を編成し、教育活動のグランドデザインを構想する事務力

これらのすべてを身につけていなければ「一人前の教師」として認められない、いつどこで些細なことで批判の的にされるかわからない、それが教師という職業なのです。そして私はこれを教師の総合的力量のモデルとして提示したわけです。

さて、若手教師として子どもたちの前に立ち、職員室を構成するメンバーの一人として校務分掌を担う皆みなさんは、教師の総合的力量を構成するこれらの要素のうち、どの要素について自信をもって「自分には身についている」と言えるでしょうか。チェックしてみてください。

【チェックリスト】

□モラル　□父性型指導力　□母性型指導力　□友人型指導力
□緻密性　□研究力　□教務力　□先見性　□創造性

いかがでしょうか。

もちろん、これらの力量要素をすべて身につけている教師など、世の中には一人もいないでしょう。しかし、一般に教師が安易に口にする「力量が高い」とか「力量が低い」とかが、厳密には考えられていない、かなりいいかげんなものに過ぎないということだけはご理解いただけることと思います。周りにいる先輩教師たちもまた、完璧ではないのです。あなたにはどんなに力量が高そうに見えたとしても。

私の〈教師力ピラミッド〉の概要を読んで、絶望的な気分になった方もいらっしゃるかもしれません。このモデルの開発は二〇〇七年、書籍の刊行は二〇一三年ですが、開発から十年以上が過ぎて、「指導力不足教員」や「不適格教員」の語は見なくなったものの、教師の置かれた状況は更に厳しさを増しているように思えます。

しかし、私の開発した〈教師力ピラミッド〉は、実は、こんな理想的な力量をもつ教師など存在しないのだから、学年団や職員室などを想定した「チーム」としてこれらすべての教師力の要素をもとうというのが提案趣旨なのです。教職はもはや一人ではその職能を機能させることができず、チームとしての総合的力量を高めていく時代なのです。

あなたも若手教師の一人として、〈教師力ピラミッド〉に挙げられている「教師力」の一部を引き受ける必要があるのです。そして、今後五年目、十年目、二十年目と教員生活が長くなっていくに従って、これらの能力を複数もてるような教師に成長していかなければならないということなのです。

本書でも何度も言ってきましたが、いま、学校現場は〈チーム〉で教育活動にあたる時代です。あなたの成長を、学校教育界は待っています。あなたという教師は、いま目の前にいる子どもたちだけでなく、未来の子どもたちも待っているのです。そのために、一つ一つ階段を昇っていかなくてはならないのです。

あとがき

方々で言ってまわっていますが、私は教師の仕事を「六割主義」で当たるべきだと考えています。全力で取り組むのではなく、六割程度の構えで日々の仕事に取り組むのです。六割程度の構えで仕事に取り組むということは、手を抜くことでもなければ、さぼることでもありません。ロープをピンと張るのではなく、少しだけ遊びを残しておくようなイメージの「戦略的構え」のことです。ロープが余裕なく張ってしまうと、そこに人が来ればロープにあたって怪我をします。車が来ればロープは切れざるを得ません。遊びがあることによって、そのどちらも避けられる準備をしておく、そんなイメージの「戦略」です。それは相撲で言えば、腰をしっかり落として相手の攻撃に対応できる体勢を取ることを意味するでしょうし、野球で言えば、バックホームにもダブルプレイにも対応できる中間守備を意味するかもしれません。そんな意味合いです。

いずれにせよ、その本質は自分本位で猪突猛進するのではなく、相手や状況に応じて臨機応変に動ける体勢をキープしておくことにあります。相手や状況と真正面からぶつかって腹を立てるのでなく、相手や状況に流されて意に反して漂い続けるのでもない、ちゃんと臨機応変の動きができる体制を事前に調えておく、そういう意味合いなのだと理解してもらえたら嬉しいです。急な生徒指導が入ったときでも、他人をフォローするときにも、それには常に指導したりフォローしたりするだけの体勢が必要なのです。

若い教師には、研究授業を例にすればわかりやすいかもしれません。指導案を進めることだけが頭の中を占めているとき、子どもの予想外の反応に教師は対応することができません。その発言に頭が真っ白になって立ち往生したり、その発言を無視したり、いずれにしてもその子に対応できたとは言い難い状況に陥ります。しかし、力量の高い教師は指導案は書くものの、その指導案に縛られ過ぎることなく、あくまでもベクトルとして、到達点をゆるく設定しています。だから、子どもの予想外の反応も自分の授業に取り込むことができるのです。こうしたことができるのは、到達点をゆるく設定するだけの力量があってこその芸です。私の言う「六割主義」もこうした力量に支えられた、到達目標をゆるく設定する「戦略的な構え」であるわけです。

「六割主義」は、ただ単に六割しか力を出さないということではありません。Aさんの六割とBさんの六割は異なります。六割とはあくまで力を発揮する本人の心の持ち様であって、六割の力でどの程度の仕事ができるかは、その人の力量に比例します。20の力量しかもっていない人の六割は12です。しかし、40の力量をもつ人の六割は24です。つまり、20の力量しかもっていない人の全力投球をゆうに超えるわけです。50の力量をもつ人の六割は30、80の力量なら48です。

実は私の言う「六割主義」には、仕事を六割の力でやりながら、結果として得た時間的な余裕と精神的な余裕を、力量を高めることに費やさなければならないという裏の含意があります。目の前の仕事に追われ、それを「十割主義」で片づけているだけではなかなか力量は高まりません。それは、日常に埋没することを意味するだけです。

力量を高めるのに最も大切なことは、仕事をしている自分自身を引いた目で眺めてみることです。自分がよかれと思って取り組んだことがマイナスを引き起こしていないか、自分が一所懸命取り組んだ仕事が誰かに迷惑をかけることになっていないか、そうしたことを虚心な目で点検する視座をもつのです。こうした視座は、忙しい自分に驕っていたり頑張っている自分に酔っていたりしたのでは、決して到達し得ません。忙しい日常に流されるのではなく、日常を構成する一つ一つの出来事について自分自身の目で見つめ、自分自身の手で触れ、自分自身の頭で考える、そういう習慣を身につけなければ到達できないのです。「十割主義」で仕事をしていると、なかなかこの習慣が身につきません。

例えば、「十割主義」で仕事をしていると、それが成功すれば成功するほどその仕事の仕方に対する確信が強くなっていきます。もしもその仕事の仕方によって周りに困る人が出たとしてもそれが見えません。それどころか、どんどんその仕事の仕方を加速させてしまいます。巨視的な眼差し、遠くを見ようとする眼差しからどんどん離れていきます。

また、「十割主義」で仕事をしている人は、自分が年齢を重ねて体力的に衰えてきたときに、若い頃と同様の仕事の仕方ができないことに忸怩たる思いを抱くことになります。思うとおりに仕事のできない自分が許せなくなります。結果、精神的に病んでいくことさえあります。張り詰めている人ほど、張り詰められないことに弱い傾向をもつのです。

もしそうであるならば、仕事は「六割主義」でするものと腹を括り、30の力量を50に高めることによって、18の仕事量を30の仕事量に増やしていくという在り方のほうが機能的とは言えないでしょうか。同じ「六割主義」でも、力量の高低によってできる仕事量は変わるのです。

人間の力量は「変数」であり、仕事とは「関数」なのです。

今回も若き気鋭編集者赤木恭平くんにたいへんお世話になりました。深謝いたします。


映画「それから」のサウンドトラックを聴きながら……

二〇二三年二月　自宅書斎にて　堀　裕嗣

【著者紹介】
堀　裕嗣（ほり　ひろつぐ）
1966年北海道湧別町生まれ。北海道教育大学札幌校・岩見沢校修士課程国語教育専修修了。1991年札幌市中学校教員として採用。1992年「研究集団ことのは」設立。
［主著］
『よくわかる学校現場の教育心理学　AL 時代を切り拓く10講』（明治図書，2017年）
『アクティブ・ラーニングの条件　しなやかな学力，したたかな学力』（小学館，2019年）
『個別最適な学びを実現する　AL 授業10の原理・100の原則』（明治図書，2023年）
『ミドルリーダーが身につけたい　教師の先輩力10の原理・100の原則』（明治図書，2023年）

〔本文イラスト〕木村美穂

新任３年目までに身につけたい
教師の指導術10の原理・100の原則

2023年５月初版第１刷刊　©著　者　堀　裕嗣
発行者　藤原光政
発行所　明治図書出版株式会社
http://www.meijitosho.co.jp
（企画・校正）赤木恭平
〒114-0023　東京都北区滝野川7-46-1
振替00160-5-151318　電話03(5907)6701
ご注文窓口　電話03(5907)6668
＊検印省略　組版所　株式会社アイデスク

Printed in Japan　ISBN978-4-18-217723-1